珞 珈 经 管 论 丛

本书出版得到国家自然科学青年基金项目（71402126）、教育部人文社科基金项目（14YJC630041）、中国博士后特别资助科学基金项目（2014T70741）资助

# 供应商管理库存模式下装配系统协同供应模型研究

● 关旭　著

WUHAN UNIVERSITY PRESS
武汉大学出版社

**图书在版编目(CIP)数据**

供应商管理库存模式下装配系统协同供应模型研究/关旭著.—武汉:武汉大学出版社,2015.6
珞珈经管论丛
ISBN 978-7-307-15586-2

Ⅰ.供… Ⅱ.关… Ⅲ.库存—仓库管理—研究 Ⅳ.F253.4

中国版本图书馆 CIP 数据核字(2015)第 077549 号

责任编辑:柴 艺 责任校对:汪欣怡 版式设计:韩闻锦

出版发行:**武汉大学出版社** (430072 武昌 珞珈山)
(电子邮件:cbs22@ whu.edu.cn 网址:www.wdp.com.cn)
印刷:荆州市鸿盛印务有限公司
开本:787×1092 1/16 印张:7.5 字数:162 千字 插页:1
版次:2015 年 6 月第 1 版 2015 年 6 月第 1 次印刷
ISBN 978-7-307-15586-2 定价:26.00 元

# 前　　言

本书以基于 VMI 模式运作的离散装配系统作为研究对象，综合运用管理运筹学、优化建模方法和系统决策理论，将理论研究与实证研究、定量研究与定性分析相结合，分析提高装配系统协同供货效率的信息流、物流和资金流优化策略。全书的主要内容如下：

首先建立需求时间不确定环境下的多供应商对单制造商的准时供货模型，通过研究多个供应商在信息共享环境和信息封闭环境下的最优供货时间决策，对比不同的信息环境对于供应商个体和供应链整体绩效的影响，进而证明信息共享的必要性和供应商的主动参与性。

其次探讨基于制造商库存转移时限的协同供货模型。在保证当所有供应商均实现了横向信息共享的前提下，讨论制造商的库存分担策略。先建立随机需求时间下单供应商对单制造商的准时供货模型，证明了传统的 VMI 模式对于系统中每一个参与者都并非最好的选择。再将 1 对 1 模型扩展到 N 对 1 模型，找到装配系统中每一个供应商的最优供货时间选择和制造商最优的库存转移时限设定。在此基础上，通过对比两种不同的库存转移时限设定的方案，提出提高制造商自身收益和供应链整体绩效的优化方案。

然后分析基于多重资金结算方式的协同供货模型，即分别针对两种不同的资金结算方式（及时付款和延迟付款）建立两供应商对单制造商的准时供货模型。研究结果给出对于制造商或者供应商而言一定条件下最优的资金结算方案选择。在此基础上，将 2 对 1 模型扩展到 N 对 1 模型，并提出在不同模式下实现供应链协同的必要条件。

接着提出了基于推拉结合供货方式的协同供货模型，从而进一步研究供应商差异性对于系统运作带来的影响。通过建立在供应商供应时间不确定的环境下的多供应商对单制造商双重供货模型（强势供应商拉式供货、弱势供应商推式供货），研究结果找到了供应商和制造商在两种不同的决策顺序下（同时决策和依次决策）的最优供应和采购决策。在此基础上，通过对比集中模式分析了不同的协调机制的效果，并提出可以实现系统完美协调的优化策略。

最后扩展了装配系统不同运作模式之间的对比研究。考虑当前在现实中较为普遍的两类装配系统运作模式——Supply-hub 运作模式和就近供应模式，通过模拟仿真的方法，证明 Supply-hub 运作模式相较于就近供应模式的先进性以及不同模式各自适应的运作环境，从而为今后的运作模式创新提供理论指导。

# 目　录

# 1 绪 论

## 1.1 选题背景

降低成本是企业成功的生命线。在过去的一个多世纪里，每一次生产和管理方式的转变或升级，都透露出企业对于控制成本的不懈追求。归纳来看，企业运作成本的降低主要来源于两个方面。一是库存成本的降低，比如企业对于库存的控制方式从经济订货批量向物料需求计划再向供应商管理库存的方式转变；二是生产投入成本的降低，比如生产驱动方式由备货式生产向订货式生产再向按订单装配进行变化。市场竞争的愈发激烈和客户需求的不断变化也对企业提出了更大的挑战：成本不再是决定企业成功的唯一要素，企业对于市场的响应速度变得越来越重要。因此，在这样的发展趋势下，单个企业的成功必须建立在合理权衡降低运营成本和保证响应速度这二者关系的基础之上。而对于装配系统而言，这一目标的实现则更有赖于系统内部每一个成员的协同运作。

**装配系统（assembly system）**可以看做一类由核心制造商和多个上游供应商所组成的供应链系统。一方面伴随着单个企业的内部管理越来越科学化和精准化，单纯靠挖掘企业内部潜力来降低运作成本、提高企业市场竞争力的空间越来越有限；另一方面，信息技术的不断提升和经济全球化的不断发展，给不同地域和不同类型企业之间的紧密合作提供了可能。于是，越来越多的制造商开始选择和外界供应商合作，通过按订单装配的方式（ATO）将非核心的业务外包以专注于自身的核心业务。比如，在汽车、电子等大型加工制造行业，每一个制造商都会在全世界的各个角落挑选合适的供应商。丰田汽车公司在全球 27 个国家和地区设有 50 个生产基地，而仅在美国就有多达 300 个以上的供应商。直观来看，这种多对一的组织结构对于制造商而言相对有利：核心企业能够在有效降低生产投入成本的同时提升自身对于市场变化的应变速度。但与此同时，这一结构特点也导致了装配系统中每一个零部件生产企业的地理位置都比较分散，零部件的加工和产品最终装配都会在不同地区甚至不同的国家完成。随之而来的结果是，协调管理这些分布在不同区域和不同政治经济环境下的供应商们成为摆在制造商面前的挑战。不仅如此，装配系统的零部件种类繁多，加工工艺的多样性，又涉及多种多样的加工单位、工人和设备，导致核心企业计划、组织、协调的任务相当繁重。正是基于上述这些问题的考虑，越来越多的制造商开始改变通过自身来控制零部件库存的方式，转而推动由供应商来自行管理零部件库存。

**供应商管理库存(vendor managed inventory)**是一类在供应链环境下产生的库存运作模式，最早运用于20世纪90年代初沃尔玛和宝洁的日常订单补货活动中。简单来说，它是指供应商等上游企业基于其下游零售商的生产经营、库存信息，对下游客户的库存进行管理与控制。相较于传统的企业自行控制库存的方式，供应商管理库存模式具有以下两个本质上的区别：一是信息共享，为了实现供应与需求的良好匹配，制造商必须向供应商充分共享市场销售和库存实时水平信息；二是库存决策权的转移，供应商要站在制造商的角度或者供应链整体的角度，来合理安排库存的生产和补货计划以实现库存成本的降低。因此，理论上看，供应商管理库存能够通过上下游企业间的合作，有效减少信息扭曲和牛鞭效应(bullwhip effect)，在保障下游企业的顾客服务水平同时，降低供应链整体的库存水平。而具体到装配系统，供应商管理库存的概念则从1对1模式演变为多对1模式：每一个零部件供应商都需要根据制造商提供的市场需求信息自行确定各自零部件的生产与运输活动，从而支持下游制造商对于客户的JIT供应。

除此之外，供应商管理库存对于装配系统中的核心制造商还有另外一层重要的意义：制造商通过转移零部件补货决策，进而将由此产生的库存持有成本完全交由供应链上游的供应商承担(Bernstein等，2006)。这一点对于装配系统而言极其重要。根据装配系统的特点，系统绩效往往由系统内反应最慢(速度、数量)的瓶颈供应商所决定(VanHuyck等，1990)。因此，任何一个零部件的缺货，都会导致整个供应链系统的停滞，从而极大地增加了系统的成本和削弱了供应链的竞争力。比如，根据日产公司(Nissan)2010年7月12日的报道，由于日立(Hitachi)供应的零部件短缺，日产日本工厂从7月14日开始停产了3天，导致1.5万辆汽车的生产受到了影响，其直接经济损失达数亿日元。正是为了降低类似事件所带来的影响，在实践中，制造商能够通过供应商管理库存的运作模式来避免由于供应商供货时间不统一、零部件不匹配等因素造成的一系列系统风险。比如，美国波音公司在生产其最新机型787时，就要求必须在所有供应商完成生产和供货之后，才支付给供应商相应的采购和生产金额。

表面上看，将装配系统和VMI模式结合对于制造商而言非常完美：制造商通过ATO将零部件生产外包给不同的供应商降低了生产投入成本；通过VMI降低了由于供应商供货不同步或者市场需求不确定所带来的库存持有成本(如图1-1所示)。但是在实际中，装配系统的运作效果却并不尽如人意：系统整体成本较高，客户服务水平低，供应商利益受损等现象频频发生。尽管装配系统的运作模式在不断改进：从传统模式过渡到就近供货直到当前主流的Supply-hub模式(Barnes，2000；王或，马士华，2005)，但上述这些问题没有从根本上得到消除，而仅仅是一种表象上的"消失"。以就近供货模式为例，核心制造企业为了实现自身的及时供货和生产，要求其原材料和零部件供应商必须在他的周围就近设厂或零部件仓库并且实施JIT配送。表面上看这样做有助于提高系统的供应商供货速度和供应商供货的协同性，从而降低供应物流不配套的风险和加快供应链响应速度，但实际上，就近供应可以看做制造商通过牺牲供应商利益为代价来换取自身的"零库存"。不仅不利于供应链整体绩效，而且还会伤害到供应商的积极性。而上述这些问题产生的原因，则是由于装配系统结构内部的矛盾和问题始终存在，并没有随着装配系统具体运作模式的更新而消失。

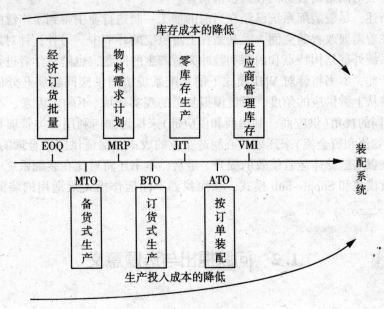

图 1-1  装配系统运营特点

具体来看，装配系统中内部所存在的问题可以分为两类：

一是客观环境产生的不确定因素。这是由装配系统的结构特点所决定的。在现实运作中，由于每一个供应商都是分布在不同地区且以自身利益最大化为目标的独立运营个体，相互之间缺乏信息沟通，从而不可避免地出现供应信息、需求信息的扭曲和时滞。不仅如此，市场环境的变化和突发情况（天气、灾害）的产生，会使得市场需求或者零部件供应的时间和数量无法确定。其最终结果会导致供应商供应不同步，供应数量有偏差等问题出现，极大地影响供应链系统的整体绩效。值得注意的是，这种由于客观不确定因素所造成的负面影响和烈度会伴随着供应商数量和差异性的增加而逐步扩大：供应商的数量越多，市场不确定因素也就越多，彼此之间信息传递的过程会更加复杂。

二是装配系统中不同主体之间的利益冲突所导致：不同层级间的成员决策无法统一。比如，供应商管理库存是一种基于制造商主导的运作模式：制造商为了保证自身利益会强制要求所有的供应商接受一些较为苛刻的条件。供应商不仅需要保证一定的零部件存储量以满足制造商及时供应的要求，并且还要承担所有的库存持有成本。事实上，这种供应商管理库存已经被部分学者们（Rungtusanatham 等，2007）指责为下游零售商压榨上游供应商的工具。不仅如此，根据最近的报道，诸如沃尔玛、家乐福之类的大型超市通过对上游中小型供应商实施较为严苛的供应商管理库存计划，导致接近30%的供应商资金链断裂的情况出现。由此可见，在这种环境下，作为系统中弱势一方的供应商，不得不选择合适的方式(比如消极供应)来尽可能地保护自身利益不受损害。而这样做的结果不仅会对供应链的竞争力(系统的供应速度下降等)带来影响，甚至会对制造商自身的收益带来伤害。

综上所述，尽管装配系统已经在当前的加工—制造行业中得到了广泛的采用，但是仍然存在着需要改善的空间，尤其是在上游供应的环节中。另外，针对之前提到的两类由于系统外部结构特点和内部利益冲突所产生的问题，也鲜有学者进行过系统的剖析。鉴于此，本书将针对VMI模式下的装配系统协同供应问题展开分析。具体来看，本书将从上游供应的角度，通过模拟复杂的现实环境(不确定因素、不同供货模式)，从不同的视角(供应商、制造商和供应链)来探讨如何利用各类管理和技术手段(信息流、物流和资金流)来压缩核心制造企业的成本，保证供应商合理的利益分配，并最终实现供应链整体运营绩效的提升。最后，本书还将对比在装配系统中较为普遍的就近供货模式和Supply-hub模式，从而找到不同运作模式最适用的装配系统运营环境。

## 1.2　问题提出与选题意义

### 1.2.1　问题的提出

从供应链管理的角度看，加工—装配式系统可以被定义为一类由核心制造商、上游供应商及下游分销商所组成的供应链组织。其基本的组织结构特点为"M-1-N"模式：在核心制造企业的下游端，其成品主要依据客户订单发往各地的分销商或零售商，是一对多的关系，简述为"1∶N"；而在核心制造企业的上游端，品种繁多、数量庞大的零部件从各地的供应商汇集到核心制造企业进行装配，是多对一的关系，简述为"M∶1"。相比之下，"M∶1"上游供应物流的管理难度会远大于"1∶N"下游成品物流的管理。其管理难度主要体现在以下三个方面：

(1)实施主体的不统一。在下游的分销物流管理中，制造商作为唯一的决策主体能够充分调配每一次客户订单的生产、运输和配送，以最大化自身收益。但是在上游供应物流的管理中，制造商的收益由每一个独立运作的供应商所决定。因此，当每一个供应商都以自身利益最大化的标准来选择各自零部件的供应时间或供应数量的时候，制造商以及供应链的绩效不可避免地会受到不同利益主体的影响。

(2)运作环境的不确定。一方面，从下游来看，市场需求的快速变化使得订单到达时间和数量无法确定，因此装配系统很难在不持有库存的情况下及时地满足客户需求。另一方面，在上游端每一个供应商的供货时间和供货数量都存在着不可控的因素，比如生产意外中断，零部件运输受阻等等。而这些供应不确定因素会随着系统容量(供应商数量)的不断增加而逐步扩大。因此，客观存在的不确定性对于如何保证装配系统对于市场的及时响应提出了巨大的挑战。

(3)生产信息的不透明。为了实现供应商就近式的VMI管理，制造商需要及时将其下游客户的需求信息与供应商进行分享。但是，仅仅在上下游企业间实现需求信息的共享并不足以提升系统的绩效。更为重要的是，系统中的每一个供应商都需要分享彼此的生产与供应计划信息，来提高供货的同步性和及时性。但是在现实运作中，供应商们基于竞争与保密的考虑，却较少有意愿来主动进行这样的尝试。

尽管对于加工装配式系统的管理和研究近年来已经引起人们的关注，但研究内容更侧重于产品的销售环节而并非上游的零部件供应环节，研究的维度更多的是建立在供应商与制造商的上下游关系层面上，而少有考虑到供应商之间的同级层面上。因此，尚未有相关理论文献针对这些上游供应环节中所存在的主要问题进行过系统的剖析与研究。正是鉴于现实运作的普遍性和理论研究的空缺，本书将重点关注在装配系统中存在的上游供应问题。主要内容旨在探讨如何通过有效的管理与应用手段，实现对这类装配系统中供应商和制造商个体收益以及供应链整体绩效的提升。具体而言，可以分解为下列研究问题：

(1)供应商横向信息共享的必要性和效果分析。装配系统的成功必须建立在系统内部信息流、物流、资金流协同运作的基础之上。在这当中，信息共享又将作为前提为物流和资金流的优化提供依据。尽管供应商管理库存（VMI）已经默认了在纵向上制造商需要将订单信息与供应商即时共享，但是如何实现供应商横向之间对于生产信息和计划的共享却是提升装配系统的运作绩效的关键因素。针对这一问题，尚未发现有理论研究或实践操作给出较为明确的答案。因此，本书首先要回答的问题是：为什么供应商之间需要共享各自的生产信息？供应商是否有意愿来主动分享这一信息？供应商信息共享到底能够给供应链系统带来多少提升？对这些问题的解答，将为本书的后续研究提供背景支撑。后面的内容将在保证供应商横向信息共享的基础上，进一步探讨如何从物流、资金流等方面解决基于VMI运作模式下的装配系统其他问题。

(2)市场需求时间不确定时，制造商应该如何设定不同的库存转移时限以降低装配系统的库存成本。为了抵御市场需求时间不确定所带来的风险，核心制造商往往要求其上游供应商采取VMI的库存控制模式。站在制造商的角度，这样做的好处在于：只有到所有的零部件配齐且市场需求发生时，制造商才去承担相应的库存成本。但是对于众多的供应商而言，制造商一味地将库存成本进行转嫁，往往会导致其为了降低成本而选择延迟供货时间。这样做会对一个需要多个供应商配套供货的装配系统造成巨大影响：其结果不仅不利于供应链的整体绩效，甚至有可能对制造商的自身利益造成损失。因此，本书接着要回答的问题是：被广泛应用的VMI模式对于装配系统或者制造商来说是否具有正面效果？如果不是，制造商应该如何选择合适的库存转移时限来降低自身的库存成本？这个优化方式对于供应链整体的库存水平会带来怎样的影响？对于这一系列问题的回答，有助于帮助装配系统在实现信息共享的基础上，进一步找到通过调配物流来提升整体绩效的方法。

（3）上游供应时间不确定时，制造商应该如何设定相应的资金结算方式以提高装配系统供货的同步性。相比单一的市场需求时间不确定，上游供应时间的不确定会给装配系统的运作带来更大的挑战。这是因为，当系统中每一个供应商的供货时间都无法确定时，供应商的供货不同步效应会随着供应商数量的增加而进一步放大。随之而来的结果是，系统对于市场的响应速度会大幅降低并且运营成本会提升。在这种情况下，之前提出的横向信息共享或者改变库存控制时限的方式已经无法有效改善系统的运作绩效。因此，本书接着要回答的问题是：当每一个供应商的零部件供应时间随机时，制造商能否通过选择不同的付款方式来改变供应商预期的交货时间？如果是的话，是否永远存在一种最合适的资金结算方式来最大化制造商或者供应链的收益？考虑资金结算方式对于供应商供货时间的影响，最早是由 Kwon 等（2011）在研究波音公司的付款方式时提出。而本书会在此研究的基础之上，进一步探讨从资金流的角度来优化装配系统及时供货模式的策略。

（4）当同时存在强势供应商和弱势供应商的时候，制造商应该如何设置最优的订货计划和 VMI 策略。之前研究的三个问题均建立在一个共有的前提下：即所有供应商都必须接受制造商所提出的运作管理策略。但是在实际运作中，系统中经常会存在一些比核心制造企业更为强势的供应商（比如 Intel、AMD），他们不仅不会接受为制造商管理库存（VMI），而且还会要求制造商必须提前向他们发出零部件的订购需求。在这样的环境下，由于存在着多种零部件供应方式，制造商的零部件管理决策会变得更加复杂。因此，本书接着要回答的问题是：在存在供应商异质性并且每一个供应商供应时间均不确定时，制造商应该如何选择对于强势供应商的订货策略和针对弱势供应商的零部件控制策略？这两种不同的零部件供应策略能否有效的配合？它们会对供应链整体的运作带来如何的影响？对于这些问题的回答将进一步帮助了解装配系统及时供货模式在不同限定条件下的运作特点和优化方式。

（5）对于装配系统不同运作组织模式的探讨与研究。相较于组织结构和库存控制模式，装配系统的实际运作模式一直在发生变化。从最早期的传统供应模式发展到就近供应模式，直到当前在实际中广泛使用的 Supply-hub 模式。尤其是 Supply-hub 模式，它最大的特点是在供应商和制造商之间加入了一个独立运作的第三方物流企业来统一管理整个装配系统的物流运作（在部分实际运作中，Supply-hub 也可由制造商自营管理）。与之前所研究的问题更多建立在系统微观的操作层面上所不同，本书接着要回答的问题将聚焦在系统的运作层面：对比 VMI 就近供货模式，基于 Supply-hub 的运作模式的优势到底体现在哪些方面？对于不同的运营环境，企业又应该如何选择最合适的运作模式？对这一延伸问题的回答，能够为未来装配系统的模式创新提供一定的理论指导。

### 1.2.2 选题意义

综上所述，尽管国内外大量文献从不同层次、不同角度对于装配系统的运作问题作了深入的研究，但是对于供应链上游的零部件供应问题关注较少。不仅如此，鉴于装配系统的复杂运作特点和客观存在的随机因素，尚没有相关文献针对在多供应商配套供应环节中所存在的一系列问题进行系统性剖析、解决和优化。在企业实践方面，笔者通过对相关行业的调研，比如汽车行业中的东风德纳车桥有限公司、南昌江铃汽车集团发动机有限公司以及电子装配行业中的华工激光等，了解到 VMI 在加工装配行业中有着广泛的应用。不仅如此，在这种模式下所存在的问题也具有一定的普遍性，比如，供应商供货不同步，供货时间不及时，库存维持成本高，供应商合作意愿低等。基于此，本书研究不仅能够推动装配系统的理论研究，而且对于企业的实践也可以提供重要的管理方法论支持。具体而言：

(1)理论意义。本书系统地对不确定条件下多供应商对单制造商就近供货问题进行研究。首先对于装配系统所可能存在的时间不确定因素进行了区分：后端的需求时间不确定和前端的供应时间不确定。根据随机因素的复杂程度，依次建立信息流优化(供应商信息共享)、物流优化(库存时限转移)、资金流优化(资金结算方式)以及多重供货模式(推式/拉式结合)的理论研究模型。通过分析不同企业个体在不同环境下的行为和决策动机，找到了降低企业运作成本的优化策略和实现系统协同运作的必要条件。最后，通过对比当前主要的装配系统运作模式，提出不同运作模式最适宜的运营环境并保证了研究的延续性。

(2)实践意义。本书实现了对于装配系统运作中时间不确定性风险的细致刻画。针对不同类型的时间不确定因素(需求时间和供应时间)，基于不同的层面(信息流、物流、资金流)和不同的实施主体(供应商、制造商)，提出一系列基于企业个体收益优化和供应链整体优化的运作策略。通过分析每一种优化策略的实施效果和实施难度，并且将模型均扩展到 N 对 1 的模式，找到了对于企业实践而言行之有效的运作优化方案。通过对比不同的装配系统运作模式，找到各种模式最为适应的运作环境和市场特点。

## 1.3 主要内容与主要创新

### 1.3.1 内容与结构安排

本书共有八章，各章内容安排如下：

第一章为绪论。本章阐述了本书研究的背景、研究现状，提出了研究的问题，指出了本书研究的理论意义与实践意义，并对本书结构安排进行了说明，归纳出本书的主要创新工作。

第二章为相关研究文献综述。对相关的研究文献进行了系统的总结与综述，主要包括以下三个方面：装配系统运作、不确定条件下的供应链优化，供应链协同运作管理。目的是分析现有文献的研究脉络，辨明以前研究的不足，进一步明确本书所需研究的问题。

第三章为基于供应商横向信息分享的协同供货模型研究。本章将建立在需求时间不确定环境下的多供应商对单制造商的准时供货模型。在此基础上，分别找到当供应商生产信息不共享时和共享时的供应商的最优供货策略和期望收益。通过对比供应商通过横向信息共享对自身和系统整体绩效所带来的提升，证明信息共享的必要性以及供应商参与的主动性。

第四章为基于制造商库存转移时限的协同供货模型研究。在第三章研究基础上，即保证当所有供应商均实现了横向信息共享的前提下，讨论制造商的库存分担策略。首先建立随机需求时间下单供应商对单制造商的准时供货模型，证明传统的 VMI 模式对于系统中每一个参与者都并非最好的选择。其次，将 1 对 1 模型扩展到 N 对 1 模型，找到装配系统中每一个供应商的最优供货时间选择和制造商最优的库存转移时限设定。在此基础上，通过对比两种不同的库存转移时限设定的方案，提出提高制造商自身收益和供应链整体绩效的优化方案。

第五章为基于多重资金结算方式的协同供货模型研究。在第四章的基础上，将下游需求时间不确定问题扩展到上游供应时间不确定问题。分别针对两种不同的资金结算方式(及时付款和延迟付款)建立了两供应商对单制造商的准时供货模型。考虑当每个零部件的供货提前期均不确定时，供应商和制造商应该如何进行相应的生产和要货时间决策。研究结果给出了对于制造商或者供应商而言一定条件下最优的资金结算方案选择。在此基础上，将 2 对 1 模型扩展到 N 到 1 模型，并提出在不同模式下实现供应链协同的必要条件。

第六章为基于推/拉结合供货方式的协同供货模型研究。在第五章的研究基础之上，本章将进一步研究供应商差异性对于系统运作带来的影响。即假设装配系统中存在着一部分强势的供应商不仅不愿意接受 VMI 供货，而且要求制造商提前向其进行订货。本章将在供应商供应时间不确定的环境下建立多供应商对单制造商的双重供货模型(强势供应商拉式供货、弱势供应商推式供货)。研究结果找到了供应商和制造商在两种不同的决策顺序下(同时决策和依次决策)的最优供应和采购决策。在此基础上，通过对比集中模式分析了不同的协调机制的效果，并提出可以实现系统完美协调的优化策略。

第七章为装配系统运作模式的扩展研究。考虑当前在现实中较为普遍的两类装配系统运作模式：Supply-hub 运作模式和就近供应模式。在客户需求随机的条件下，本章节通过模拟仿真的方法分别建立了就近供货和 Supply-hub 供货的模型。通过对比这两种运作模式在供应链响应性以及因响应客户订单而发生的运营成本的区别，证明了Supply-hub 运作模式相较于就近供应模式的先进性以及不同模式各自适应的运作环境。研究结果有助于为今后的运作模式创新提供理论指导。

第八章为总结与展望。一方面，对本研究进行了全面的总结，概括本研究取得的研究成果与主要结论，提出尚未解决的问题；另一方面，对本研究领域的未来动态进行了展望。

## 1.3.2 主要创新

本书的主要创新体现在以下几个方面：

（1）论证了供应商横向生产信息共享的必要性和重要性。传统的供应链研究更关注上下游企业之间诸如市场需求时间或数量的信息共享问题，而鲜有关注供应商之间的生产信息共享问题。但事实上针对装配系统的运作特点，供应商信息共享至关重要。本书通过建立一个需求时间不确定环境下的多供应商对单制造商供货模型，采取数学推导论证的方式证明了供应商横向信息共享能够有效提高每一个供应商的运作绩效。与此同时，通过对比系统在集中决策和分散决策下的绩效，也强调了单纯通过信息共享对于提升系统绩效的局限性。结果表明信息共享仅仅是实现系统协同运作的必要条件，在此基础之上，企业需要采取更加有效的管理策略来降低成本或提高收益。

（2）提出了一种基于库存转移时限的物流优化运作策略。尽管有相关文献认为供应商管理库存（VMI）会对供应商的收益以及供应链整体的运作绩效带来负面影响；但是对于制造商而言，VMI 模式一直被看做能够最大程度降低其库存成本的管理模式。然而，本书通过建立在信息共享环境下的多供应商对单制造商主从博弈模型，证明了VMI 模式不仅不利于系统的整体运作，甚至会对制造商自身收益带来损失。在此基础上，本书也首次提出制造商能够通过对供应商设定库存转移时限：即制造商选择在一定时间后主动承担相应的库存成本，来降低自身的成本。与此同时，本书分别讨论了两种不同限定条件下的库存转移时限优化策略，并证明其中任何一种都能够在一定程度上同时优化制造商、供应商和装配系统的收益。

（3）找到了对于制造商或者供应商而言，在不确定条件下最优的资金结算方案。在传统的运作管理研究中，学者们更多的是关注信息流和物流的优化问题；而针对资金流问题，更多的是通过定性分析的方法来研究。与之不同，本书采取定量数学建模的方式来探讨不同的资金结算方式对于装配系统中各个企业的决策所带来的影响。通过建立随机供应时间下的多供应商对单制造商主从博弈模型，找到制造商和供应商在不同的资金结算方式下（及时付款和延迟付款），各自最优的要货和供货时间决策。研究结果表明，供应商最优的资金结算方式永远是及时付款模式。但是对于制造商而言，及时付款和延迟付款模式均有可能在一定条件下（考虑供应商的特性）成为其更为合理的资金结算方式选择。

（4）针对传统装配系统上游供货模式的延伸研究。以上的研究结论均是在上游供应端采取 VMI 供货模式所展开的。本书在此基础上作两个方面的延伸：首先是企业个体话语权的变化，即考虑装配系统中有可能存在着强势的供应商，从而不愿意接受制造商所制定的库存控制策略。针对这一问题，本书建立了在多供应商供应时间不确定时的装配系统双重供货模型，找到了供应商和制造商在不同环境下的最优供应和采购决策。其次是运作模式的改变，即考虑当前在装配系统中采用较为广泛 Supply-hub 模式，即在供应商和制造商之间设立一个 Supply-hub 仓库并有专职的第三方物流进行管理。针对这个问题，本书通过模拟仿真的方式比较了 Supply-hub 和就近供应模式在需求随机环境下在供应链响应性和运营成本上的区别，从而给出了装配系统在选择运作模式上的依据。

（5）对于时间不确定环境下装配系统的系统性优化研究。尽管不确定环境下的装配系统一直受到研究人员的关注，但是尚没有相关文献能够逐个分析其运作中存在的问题，并加以解决。而系统地剖析装配系统是本书希望达到的目的。基于此，本书首先将时间不确定因素划分为两类：下游的需求时间不确定（单随机因素）和上游的供应时间不确定（多随机因素）。其次，针对这两类不确定因素和不同的企业主体（供应商和制造商），依次提出信息流（供应商横向信息共享）、物流（制造商库存承担时限）和资金流（多重资金结算方式）的管理优化策略。在此基础上，将上游供应模式从系统内部（企业话语权变化）和外部环境（运作模式改变）进行了两方面的延伸。最后，本书将这些装配系统模型从 2 对 1 的运作环境扩展到了 N 对 1 的运作环境，从而保证了理论研究结果能够为企业实践提供足够的现实应用依据。

图 1-2 为本书的结构安排及内容体系。

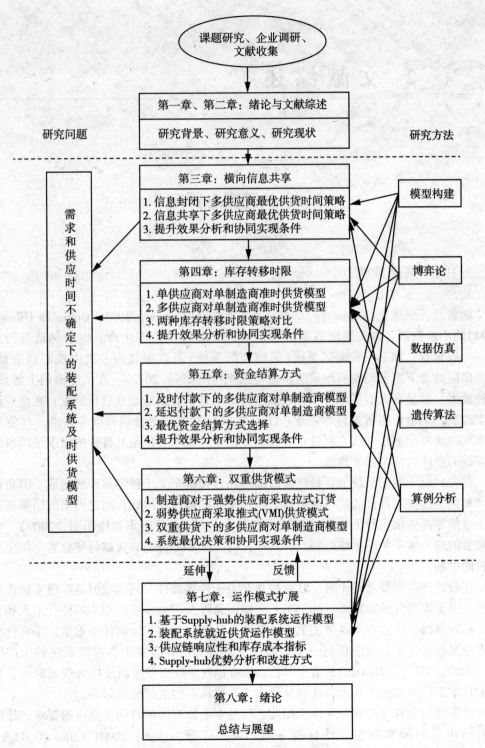

图 1-2　本书结构安排与内容体系

# 2 文献综述

## 2.1 关键概念界定

### 2.1.1 装配系统

随着经济全球化(Kaplinsky，2002)和生产外包(Greaver，1998；Quinn 和 Hilmer，1994)的不断发展，加工装配式系统已经被广泛应用于汽车生产，电子制造等行业中。一般来看，加工—装配式系统(简称装配系统)可以定义为一类由核心制造商、上游供应商及下游分销商所组成的供应链组织(李果等，2012)：在供应链的上游端，品种繁多、数量庞大的零部件从各级供应商汇集到核心制造企业进行装配；在供应链的下游端，制造商将依据订单需求(ATO)将成品发往各个分销商或零售商。尽管装配系统的出现能够帮助核心制造企业有效分担生产成本，但是其特殊的组织结构也给供应链的整体运作带来了挑战。

首先，对于装配系统而言最终成品都由几百种甚至上千种零部件所构成，但负责生产和供应这些零部件的供应商们却分布在不同的地区。因此，随之而来的结果就是对于这些零部件供应商的协调组织工作变得十分复杂(马士华和桂华明，2009)。更为重要的是，鉴于装配系统的特点，其中任何一个零部件的缺货都将导致整个供应链系统的中断。

在最终产品需要由几十种、几百种甚至上千种零部件共同构成但是在现实运作环境中，由于零部件种类繁多，加工工艺多样，又涉及多种多样的加工单位、工人和设备，从而导致生产过程中各种关系十分复杂，计划、组织、协调任务繁重，零部件缺货等情况经常发生，其中任何一个零部件的缺货都会导致整个供应链系统的生产中断。比如，当日立(Hitachi)供应给日产(Nissan)汽车的引擎控制元件出现短缺时，日产的日本工厂为此停工3天，从而导致1.5万辆汽车的生产受到影响。

供应商均为独立的利益主体，相互之间基本上没有零部件同步供应的要求，导致各自的供货时间和数量无法保持一致(Gurnani 等，1996，2000；Güler 和 Bilgic，2009)。这一点在 Pyke 等(2000)的调查报告也有所体现：在装配系统中供应商与供应商之间的运作相关指数程度非常低，只有0.18，从而极大地削弱了供应链的竞争力。正是基于以上这两点原因，装配系统的协同运作尤其是上游供应商的配套供货成为供应链管理的研究热点和难点问题。正是针对这一问题，实践中出现了两种装配系统运作模式，并引起了学术界的广泛关注。

（1）分布式 VMI 模式（就近供应模式）。为降低库存成本，提高供应链的响应速度，就近供应模式成为当前应用较为成熟的装配系统运作模式。陈建华（2007）认为它是指供应链核心制造商为了实现其自身的 JIT 运作，要求其原材料和零部件供应商附近设厂或仓库以便实施向生产线或装配线的 JIT 供货，而各仓库分散运作实施供应商管理库存（N∶N∶1 的 VMI 方式）。其基本的运作模式可用图 2-1 表示。

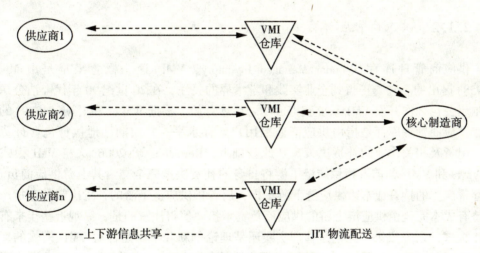

图 2-1  就近供应模式示意图

尽管就近供货模式在实践中取得了一定成效，但是相关研究（李果等，2011）也发现了很多问题：首先，各零部件供应商要选择租用第三方仓储设施自己管理或自己投资建设仓库或完全外包给第三方物流，因此带来额外成本的投资。其次，每个供应商各有一套实施 VMI 运作的系统，而维持每个 VMI 系统需要一定运营成本。最后，由于各供应商独立、分散地运作自己的 VMI 仓库，相互之间的信息沟通缺乏，不可避免地会产生需求信息、供应信息的时滞或扭曲。特别是这种运作模式的形成往往基于供需双方不对等的权利结构：装配制造商占主导地位，各供应商处于被动的位置，因此容易造成供需关系紧张（胡宪武和滕春贤，2010）。由于上述问题的存在，就近式 VMI 运作模式实际上是以牺牲供应商的利益来换取制造商表面的"零库存"，导致供应商们怨声载道，非但不能达到协同供货，反而还会使这种模式的实施效果大打折扣。

（2）基于 Supply-hub 供应模式。基于上述这些有关于分布式 VMI 运作模式的问题，实践和研究人员开始考虑将 VMI 仓库进行资源整合和优化组织管理，变原先的分散运作管理为整合集中管理，简称为集配中心运营模式。在此基础上，也涌现出了许多专注于物流集配服务的第三方物流 Supply-hub（集配中心）（Barnes，2000；王或，马士华，2005；Shah 等，2006）。比如，伯灵顿全球（Bax Global）就专注于 IT 行业，负责 Apple、Dell 和 IBM 在东南亚的物流集配服务。国内的上海大众、武汉神龙等企业也在采用集配中心的运作方式以有效地支持其多品种、小批量混流生产的零部件 JIT 直送生产工位。Supply-hub 一般位于制造厂附近，用于储存所有或部分供应材料的。值得注意的是，在这种运作模式下根据协议只有当物料被消耗时才支付相应的费用（Bowersox 等，1996；Barnes 等，2000）。综上所示可以看到，Supply-hub 运作模式是一种基于就近供应模式的延伸与升级，但与之有着明显的区别。而有关上述两种运作模式的优劣性，本书第七章将作深入的研究。

### 2.1.2 供应商管理库存

供应商管理库存（Vendor Managed Inventory，VMI）这一概念最早是由 Magee（1958）提出的。它真正得到企业实践和学术界的关注，在 20 世纪 90 年代宝洁公司和沃尔玛公司合作开发 VMI 系统获得成功之后才开始。根据 Waller 和 Davis（1999）的定义，供应商管理库存是指由供应商监控用户库存水平，并周期性地执行包含订货数量、出货及相关作业的补货决策。在此基础上，Bernstein 等（2006）又将 VMI 模式分为 VMI+ 和 VMI-，前者指供应链下游将自身的补货决策完全交给其上游供应商负责，但存货产生的持有成本由供应链下游承担；后者指供应链下游的补货决策和存货产生的持有成本完全由供应链上游的供应商负责承担。值得注意的是，纵观近些年来有关 VMI 模式的研究成果，无论是管理实践还是理论创新几乎都是针对 VMI- 模式的。下面，借用赵道致和吕昕（2012）的研究报告，简单回顾一下有关于 VMI 管理模式研究的 4 个不同阶段，如表 2-1 所示。

表 2-1　　　　　　　　　VMI 模式研究的主要发展阶段

| 主要阶段 | 时间跨度 | 研究内容 | 代表文章 | 主要结论 |
|---|---|---|---|---|
| 第一阶段 | 1958—2000 年 | 信息共享机制 | Cachon 和 Fisher（2000）<br>Waller 和 Davis（1999） | VMI 模式能够促进信息共享，降低牛鞭效应 |
| 第二阶段 | 2000—2004 年 | 成员决策及影响分析 | Mishra 和 Raghunathan（2004）<br>余玉刚等（2004） | VMI 模式往往仅对下游成员有利，供应链整体远离 Pareto 均衡 |
| 第三阶段 | 2004—2009 年 | 供应链协调机制 | WANG 等（2004）<br>唐宏祥（2004） | 通过契约设计，建立了 VMI 模式下供应链的协调机制 |
| 第四阶段 | 2007—2012 年 | 第三方参与的 VMI 模式 | 杨阳和刘志学（2007）<br>陈建华和马士华（2006） | 建立了分散 VMI 和 Supply Hub 模式的理论模型 |

通过表 2-1 可以看出，尽管 VMI 被认为是一种能够有效消除牛鞭效应（Lee 等，1997）并促进供应链成员间信息共享的典型模式（Qetinkaya，2000；Disney 和 Towill，2003），但是它并不受到供应商的欢迎。究其原因，这是由于在现实运作中，VMI 往往成为强势制造商压迫中小型供应商的工具：要求供应商维持过高的库存水平，持有过长的库存时间（Rungtusanatham 等，2007）。随之而来的结果是，供应商持有过多的库存并不一定对供应链有利。比如，Lee 和 Chu（2005）、Dong 和 Xu（2002）均证明了让供应商来持有库存不仅会损害其自身收益，而且对供应链整体也不利。值得注意的是，在装配系统中，这种 VMI 模式所带来的负面效应则体现得更加明显。这是由于装配系统中存在的众多不确定因素会导致供应商供货经常出现不同步或者缺货的情况，从而大大增加了系统的零部件库存成本。而正如之前 Bernstein 等（2006）所提到的那样，在这种环境下制造商往往会选择供应商 VMI 的方式来尽可能的转移由于供应不同步或延迟所带来的持有成本。因此，本书将探讨如何改进在装配系统中 VMI 的使用方式，从而降低 VMI 对于装配系统运作绩效的负面影响。

## 2.1.3 快速响应与及时供应

日益激烈的全球竞争、高度分散的经营以及基于需求驱动的管理等，是当今企业所面临的市场环境。在新的环境下，企业的竞争优势要素已经逐步从成本、质量、柔性等转移到了时间上：谁能更迅速地适应环境的变化和缩短对客户需求的响应时间，谁就能占领市场、赢得竞争（陈荣秋，2006）。理论与实践均表明，自 Stalk（1988）首次提出基于时间竞争的概念以来，响应性对供应链竞争力的影响正表现得越来越明显（王勇和孙良云，2002；杨瑾等，2007）。因此，如何最大限度地提高供应链响应性已经成为理论界和实践界关注的焦点之一。如 Perry 等（1999）、Perry 和 Sohal（2001）通过将快速响应模式应用到澳大利亚的纺织、服装和鞋类行业，总结了成功实施该模式的关键因素。国内周晓等（2002）从物流运作的基本原理出发，分析了支持快速响应的供应链物流模式的特点和适用范围。马士华等（2005）运用二层规划方法对供应链多阶响应周期进行了建模研究。在实践界，通过快速响应市场而获得巨大成功的例子也不胜枚举，比如 Zara 和 Dell 等快速消费品企业就通过压缩对客户的响应时间极大地提升了自身的市场竞争力，并最终成为了行业的领导者。

供应链响应性可以用订单的响应时间来衡量，即：从顾客下订单时刻至把产品/服务交付给顾客的时间间隔。自 Iyer 和 Bergen（1997）提出为了缩短供应链响应时间提出快速响应模式（Quick Response）之后，众多学者采用定性分析、实证分析和定量建模等不同方法进行了大量的研究。具体来看，这些研究大多从供应链上下游的行为动机、激励与惩罚决策等角度入手。比如，Lyer 和 Berge（1997）认为制造商需要运用各种激励或惩罚措施以保证供应商能够准时地配送其所需物品。在此基础上，Grout（1996）提出了供应商和制造商之间的静态博弈模型，建立有效的激励机制，以提高采购的准时交货概率。Guirida 和 Nagi(2006)，Grout(1998)讨论了当交货时间不确定的情况下，采用交货窗的供货模式对于准时供货的影响。杨文胜和李莉(2006)则分析了准时采购中制造商与供应商之间的动态交互行为，建立了以制造商为主方的主从博弈模型。王玉燕(2007)等针对四种不同的准时交货博弈模型进行了研究对比。

可以看到，尽管上述理论研究和实践应用表明，通过实施相关策略来缩短对客户的响应时间，可以显著提高供应链的绩效。然而不足的是，目前的理论研究大都考虑的是"1∶1∶1"型的串行供应链(Corbett 和 Karmarkar，2001)，几乎还没有针对"M∶1∶1"型的加工—装配式系统进行的研究。而与串行供应链相比，加工—装配式供应链对订单的响应性(准时供应程度)还受到零部件供应商之间横向协同性的影响，而这就大大增加了后者提高整个供应链响应速度的难度。因此，本书将在前人研究的基础之上，将1对1供货模型扩展到装配系统中的 N 对1供货，从而探讨在多供应商环境下提高系统准时供货水平的各种优化方法。

## 2.2　不确定环境下装配系统优化研究综述

Song 和 Zipkin (2003)对装配系统的主要研究问题做了全面详细的综述，分别从研究的关注焦点、研究目的及分析方法等三个方面对装配制造系统的研究进行了归纳总结。下面将根据装配系统中存在的不同类型的不确定因素具体展开回顾。

### 2.2.1　随机需求

Gerchak 和 Wang (2004)较早地探讨了需求不确定下多供应商、单制造商组成的两级供应链的协调问题，利用收入共享与剩余补贴契约和批发价格与回购契约分别实现 Pull 系统和 Push 系统下分散系统的协调；研究发现批发价格契约供应链收益随供应商数量的增加而降低，但收入共享契约下供应链收益与供应商数量无关。Zou 等(2004)研究了随机需求下多供应商和单制造商组成的两级装配系统的渠道协调问题，通过同步化配套供应商的订单处理时间，分析了供应商和制造商的最佳批量决策，并设计了批发价格与收入共享契约实现供应链的协调。Granot 和 Yin(2008)研究了多个供应商和一个制造商组成的两级装配系统，在允许供应商自由联盟下，分别构建了 Push 和 Pull 模式下的模型。研究分析了两种模式下供应商联盟的稳定性，从而发现 Pull 模式下更容易实现供应商间产量的协调。Kim 等(2006)也探讨了制造商采用两种不同的采购契约来订购两种配套零部件的最佳订购策略。

部分学者考虑了价格敏感性的随机需求。如 Wang(2006)研究了多种互补型产品单周期的定价与生产决策问题，在价格敏感的乘法(multiplicative demand)随机需求下，由供应商确定其产品的价格及补货量，零售商为博弈主方确定产品收入分配比例，构建了基于寄售和收益共享契约的博弈模型，分别讨论了供应商静态博弈和序列博弈下最佳决策及对供应商、制造商和供应链收益的影响。Li 和 Wang(2010)在 Gerchak 和 Wang(2004)研究的基础上，讨论了价格敏感(乘法形式)的随机需求下，装配系统在 Push 模式下，供应商同时进行零部件价格决策及供应商依次序依次进行零部件价格决策两种模式下，供应商的最佳决策及其对制造商和供应链收益的影响。Leng 和 Parlar(2010)在上述研究的基础上进一步研究了价格敏感的加法(additive demand)随机需求下的两级装配系统的产品定价和零部件生产决策问题，并设计了回购和销售损失成本分摊契约来协调分散供应链。Zhao 和 Shi(2009)考虑了两条竞争的两级装配供应链，每条供应链由一个制造商和若干供应商组成，且制造商面对价格敏感的随机需求，分别研究供应商与制造商独立决策下的分散供应链与供应商与制造商集中决策下的整合供应链的均衡解。研究发现，分散供应链在市场竞争激烈时能获得更高的利润，而集中供应链在当供应商数量众多时能获得更高的利润；与批发价格契约相比，寄售库存与收入共享契约下制造商能获得更大的利润，而供应商获得的利润并不一定比批发价格契约下低。

### 2.2.2 随机产出

Zimmer(2002)研究生产商和供应商之间具有不确定 JIT 交货下供应链协同，分析了最差情况即在供应商与生产商完全独立决策下的供应商决策行为，也分析了最好情况即在供应商与生产商之间具有完全信息共享下供应链联合最优化的决策行为。Serel(2007)研究了一个供应商(长期合作)和一个制造商间的多周期能力预留合同。数值分析的结果表明了能力保留合同可以提高供应商的能力利用率。国内的张存禄等(2005)研究了具有相同成本和可靠性的供应商结构下，对给定的供应风险水平最优供应商数量与采购总成本的优化问题。

针对突发情况下的随机产出问题，Bundschuh 等(2003)研究了具有可靠性供应链和鲁棒性供应链的战略设计问题，指出在供应风险的影响下可靠性供应链很少会受到干扰，而鲁棒性供应链在出现供应中断的情况下还能很好运行，通过数值分析说明应该同时将可靠性、鲁棒性考虑到供应链的设计当中，才能大幅提高供应链的稳定性。Kleindorfer 和 Saad(2005)针对供应链中断风险，提出了基于 SAM 的管理方法。其中 S 指的是风险源以及脆弱性识别，A 是指风险评估，M 指风险消减，并提出通过扩充采购渠道、实施灵活性策略、在供应链中实施信息共享，能够降低供应链的风险。Stecke 和 Kumar(2006)分析了供应链中断发生的原因，影响供应链脆弱性的因素，将风险消减策略分为防范策略、预警策略、应急策略、生存策略，并对各种风险管理策略做了具体的论述。Tomlin(2006)研究了在供应中断风险中各种预防措施和应急措施中进行权衡和选择，分析了供应风险特征与各风险决策之间的关系，证明当供应中断发生频率小，但持续时间很长时，使用多个供应源在降低风险方面比库存方式有效；而当中断发生频率高、持续时间短时，库存则比从多个供应源采购的方式更能降低风险。Chopra(2007)分析了供应风险的特征，即中断发生的频率会影响到风险消减策略的选择，从而得出在周期性供应风险(即产出数量不确定)和中断风险下企业应采取不同的策略。Yang(2005)认为随着供应风险的增加，对购买者而言，如何预测、应对以及管理潜在的中断风险十分重要。Tomlin(2009)研究了信息不对称情况下，供应商可靠性信息更新对供应风险管理策略的影响。Yu(2009)分析了当供应链发生供应中断时，购买者对单供应商和两供应商采购的决策问题，认为影响这一决策结果的关键原因取决于供应中断发生的概率。随着中断概率的增加，购买者更倾向于采用双渠道采购策略。盛方正(2008)研究当企业发生了突发事件之后，启动应急预案时刻的决策问题，分别针对企业单独决策和供应链作为整体进行决策这两种情况建立了数学模型。包兴(2008)分析了大型服务运作系统在发生重大灾害后的应急期间的能力应急管理模式，以应急期间的总成本最小为目标构建了相应的数学模型。

### 2.2.3 随机提前期

在订单式装配系统(assemble-to-order)的研究中，Yano(1987)最早考虑了在随机提前期条件下基于时间优化(优化订货时间或交货期)的生产系统库存控制模型。在模型中文章考虑了生产中心的库存成本由库存持有成本和交货时间迟延惩罚成本组成，当产品提前交货或延迟交货时都将有惩罚成本产生。随后 Bookbinder(1999)考虑连续盘点型库存控制策略下的随机提前期库存优化问题，其决策变量是订货批量、再订货点和提前期。Cakanyildirim 等(2000)研究了提前期的变化受订货规模和生产能力影响的连盘点型库存模型，讨论了随机提前期与订货规模在线性相关和凹性相关两种情形下，库存模型参数的不同取值对库存成本的影响。Kouvelis(2008)研究了确定需求下，供应商的供货提前期不确定的情况下，为了降低销售期内的库存和缺货成本，购买者在初始供应商和灵活性备选供应商的采购问题，对发出应急订单的时间、订货数量以及初始供应商的安全提前期做了优化决策。Gaukler(2008)研究了随机需求以及供货提前期下，购买者发出应急补货的最优控制决策，并通过模拟对多周期下的(Q，R)库存决策进行了优化。

### 2.2.4 零部件匹配

除上述的不确定因素之外，装配系统的另一个重要特点是生产所需的众多种类零配件中任何一种发生缺货都可能会影响到最终产品的生产。因此，如何有效地对如此众多的供应商和供应物料进行协同管理是提高装配系统供应链整体协同能力的关键。

针对这个问题，Chu 和 Wang(2006)分析了两个供应商、一个制造商组成的供应链系统，通过建立博弈模型分析了在独立决策和集中决策下的系统成本，由此提炼出一种供应链整体协同策略。Gurnani 和 Gerchak(2007)分析两个供应商、一个制造商组成的供应链系统，假设供应商的供货量为随机变量，建立了一个单周期订货的供应链协同模型。国内学者凌六一和梁梁(2007)则针对装配系统，探讨了如何求基于 BOM 的随机需求的(R，Q)订货策略的全局最优解问题。这些文献在研究装配系统的协同策略问题时均在一定程度上考虑了零部件的匹配性问题。但是他们所提出的协同策略只考虑到了供应商与制造商之间的纵向协同，而忽略了供应商与供应商之间的横向协同。正如之前提到的那样，要实现对众多的供应商和供应物料进行协同管理，降低供应链整体的库存水平，供应商横向协同必不可少，而这也将是本书的研究重点。

## 2.3 供应链协同运作研究综述

### 2.3.1 概念的提出

早在 1992 年，Rothwell (1992)就指出供应链管理是一个多要素协调过程，需要组织内部和组织之间的高度整合，并将其定义为"第五代创新"(the fifth generation innovation)，而这种组织之间的整合就传递出供应链协同的思想。在此基础上，Anderson 和 Lee(1999)指出供应链协同是指供应链中各节点企业基于共同目标，为了提高供应链整体竞争力而进行的彼此协调和联合努力的业务交往和协作的运作模式，目的在于有效地利用和管理供应链资源。Mentzer(2001)则将供应链协同定义为供应链上所有企业为了共同目标进行的协作，具有信息、知识、风险和收益共享的特征。Barratt(2004)则将信任、互利、信息共享和开放沟通归为供应链协同的文化特征要素，将供应链构建规划(SC metrics)、联合决策(joint decision making)、过程同步(process alignment)和跨职能业务活动(cross functional activities)归为供应链协同的战略特征要素。这些概念尽管说法不一，但是定义的角度和概念的本质都是一致的，都强调供应链上企业之间的资源整合、组织关系协调和供应链业务流程协作，要么是为了获得更高的收益，要么是以低成本有效地满足客户需求，总之是为了提升供应链整体竞争力，获取竞争优势。

### 2.3.2 协同运作内容研究

从供应链协同的管理内容来看，主要包括需求协同、库存协同、物流协同、采购协同、产品设计协同等多个问题。因此，下面将分别针对各个供应链协同的研究管理内容展开回顾。

需求协同的策略主要体现在供应链上下游节点企业通过共享企业的需求信息，以降低需求不确定对供应链的影响(Lee 等，1997；Chen 等，2000)。Sahin 和 Robinson (2005)研究了供应链中需求信息共享与协调问题。Byrne 和 Heavey(2006)则重点关注需求信息共享和需求预测对有能力限制的供应链的影响。在此基础上，供应商如何共享下游客户的需求信息为实施快速响应 (Lee 等，2000)和有效客户响应 (Cachon 和 Fisher，1997)奠定了基础。Chen 等(2000)也指出共享下游客户需求信息是实施供应商管理库存、连续补货计划(CRP)、联合计划、预测与补货(CPFR)等供应链管理方式的基础。Akkermans 等(2004)指出 CPFR 体现了供应链协同管理的思想，能够实现供应链合作伙伴之间更广泛深入的合作，是面向供应链的有效策略。戢守峰等(2007)则将 CPFR 技术应用到协同补货中，研究了最佳库存和最佳运送周期问题。Gavirneni 等(1999)研究了制造商生产能力有限下共享分销商需求信息的价值。但是值得注意的是，在装配系统中的需求协同问题还应该包括供应商之间的横向信息共享，而这一点也是本书重点关注的内容。

库存协同是供应链协同研究领域中另外一个核心问题。针对这一内容，Goyal (1988，1995)和 Hill (1997)等研究了单一供应商和单一零售商组成的两级供应链的库存协同策略；Kim 等(2002)等则考虑了多个供应商和单个制造商组成的两级库存系统的协同策略；Fu 和 Piplani (2004)从供应方协同角度建立了基于库存的评估供应方协同的模型，研究发现供应方协同可以提升整个供应链的绩效。国内学者柳键和马士华(2004)引入了有效库存水平的概念，构造了定期检查补货模式下的供需双方库存模型，分析了两阶供应链的库存协调策略及协调价值。与之不同，本书针对装配系统的库存协同问题将提出一个新的概念——库存转移时限，并在第 4 章做重点分析。

物流协同能够协调供应链各阶段的物料转移，缩短订货提前期，提高客户服务水平，并降低库存水平(Blocher 等，2008)，因此是供应链协同研究的又一重要内容。很多学者针对供应链中具体的物流运作，研究了物流协同机制。Ellinger(2000)研究了企业内部市场营销与物流的跨功能协同问题。Chen 和 Chen(2005)研究了在联合补货和渠道协调下的供应链物流协同问题，建立了相应的协同优化模型。Hu 等(2007)研究位于不同位置的两个生产企业，能够自己持有库存，它们的生产决策受到能力不确定性的约束，各个企业追求自身利益最大化，如果一方要求另一方转运货物就要支付转运费用，分析能否设定一组转运价格，从而使单个企业综合考虑库存和转运成本的最优决策能够符合全局优化的要求。慕银平和唐小我(2008)根据我国的实际运作情况，将库存管理成本引入转移定价决策模型，在充分考虑中间产品流转过程中产生的库存持有成本、订货成本、订单处理成本和启动成本的基础上，研究了企业集团的转移定价决策问题。刘小群和马士华(2005)研究了供应链管理下战略性物流外包双方之间的协同机制。桂华明、马士华(2008)以一个多周期、随机客户需求和单位产品运输成本对批量敏感的供应链为研究对象，建立了由生产商负责产品运输时，供应链分散决策情形下的最佳批量模型，并提出批量协调策略。

此外，也有部分学者研究了特定行业或企业实践中的供应链协同问题。比如 Li 等(2005，2008)研究了在消费类电子产品供应链中，加工装配与航空运输之间的协同调度问题；Johnson(2002)分析了随着业务外包和全球化的发展，产品设计的协同可以快速缩短产品设计时程，增强供应链对客户定制化需求的快速反应能力；曹健和张申生(2001)对协同产品开发中的协商方法进行了研究。

## 2.4　本章小结

从上述分析可以看出，装配系统和协同运作管理一直是供应链领域的研究重点问题，并且已经取得了丰硕的成果。本书将在这些研究基础之上，针对过去研究中的不足和盲点，对不确定环境下的装配系统优化策略进行更为深入的剖析和更为细致的梳理。具体来看包括以下几个特点：

(1)装配系统的研究一直比较重视制造商和供应商之间的纵向协同问题，而较少关注供应商与供应商之间的横向协同运作问题。与之不同，本书将考虑在不同环境下的装配系统供应商横向协同供应问题，找到提高供应商横向协同运作的方法和对策。

(2)传统研究更多考虑通过供需双方间的协调契约(比如收益共享合约，回购合约等)的方式来提高供应链的协同运作程度。本书则将针对装配系统，讨论通过供应商横向信息共享、制造商设定库存责任期、选择资金结算方式等较为新颖的方式来提高系统的协同运作程度和整体收益。

(3)研究学者针对装配系统运作模式的探讨均基于传统的供应链成员结构：制造商作为系统的核心企业处于强势地位，多个供应商属于弱势地位。本书将针对运作模式做两个方向的延伸：①考虑存在强势供应商的装配系统；②考虑存在 Supply-hub 的装配系统。通过对这两种新的运作模式的分析和研究，进一步完善对于装配系统运作机制的理解。

(4)将供应链响应性作为装配系统绩效的评价指标之一，而并非单纯考虑系统成本的最小化。通过建立一系列不同的随机因素下的装配系统准时供货模型，将传统的单对单准时供货模型扩展到多对单供货模型。

归纳来看，本书主要依靠数学推导论证的方法，系统地剖析在不确定环境下装配系统中各个参与者的决策特点，从而找到提升系统绩效优化运作策略。由于区分了不同的不确定因素(需求时间、供应时间等)、不同的运作模式(单一供货模式、双重供货模式、基于 Supply-hub 供货模式)，将所有模型均扩展到 N 对 1 环境，因此保证了研究内容能够准确描绘出现实运作的特点，并且有效指导企业的实践。

# 3 基于供应商横向信息分享的协同供应模型研究

信息共享是实现任何一个供应链系统协同运作的先决条件。不同于传统的供应链结构，在装配系统中，信息共享建立在两个维度之上。一是制造商与供应商之间的纵向需求信息共享，二是供应商之间的横向生产信息共享。对于第一点，制造商可以采取供应商管理库存（VMI）来有效消除上下游企业之间需求信息的扭曲和牛鞭效应（Forrester，1961）。但是针对第二点，在实际运作中，供应商基于各种客观原因的考虑较少主动实施这一计划。基于此，本章将建立在需求时间不确定环境下的装配系统（N 对 1）准时供货模型，通过对比多个配套供应商在信息封闭模式和信息共享模式下的最优供货决策，来验证实施供应商横向信息共享的必要性和重要性。最后在此基础上，提出实现装配系统协同供应的必要条件。

## 3.1 问题产生背景

不同于传统的供应链组织，在加工装配式供应链中（如汽车、电子制造），完成一件产品所需要的零部件往往是由多个供应商根据物料清单（bill of material）配套供应。其中任何一个零部件的延迟供应，都会导致制造商无法按时生产产品。其结果不仅会延迟对于下游客户的交货时间，而且会对其他供应商的成本产生影响。比如，日产公司（Nissan）由于日立（Hitachi）供应的零部件短缺，生产工厂停产 3 天并产生数亿日元的损失。由此可见，提高装配系统运作绩效的关键在于保证系统供应商们能够准时且同步地供应零部件。针对这一问题，Lyer 和 Berge（1997）认为制造商需要运用各种激励或惩罚措施以保证供应商能够准时地配送其所需物品。Grout（1996）以及Guirida 和 Nagi（2006）也通过建立供应商和制造商之间的静态博弈模型，提出了有效的激励机制——准时交货时间窗来帮助提高供应商的准时交货概率。国内学者如杨文胜和李莉（2005）、王玉燕（2007）等也讨论在不同环境下制造商与供应商之间的动态交互行为，并在此基础上给出提高供应商准时供货率的优化策略。

但是，单纯依靠制造商的协调是无法实现装配系统的协同运作的。这是由于在装配系统中，供应商之间也存在着交互作用，从而影响到各自的供货时间。比如，当制造商采取下线结算的方式时，任何一个供应商都需要在完成自己的供货之后仍然承担相应的库存成本，直到系统中最后一个供应商完成供货。换句话说，根据装配系统的运作特点，系统整体绩效将由系统中最晚一个完成供货的供应商所决定。但是根据Pyke 等(2000)的调查报告显示：在装配系统中，供应商与供应商之间的运作相关指数程度又恰巧很低，只有0.18。这也从一个侧面说明了提高供应商之间供货同步性的重要性和困难。

针对如何提高供应商的协同运作，国内外学者(Tang 和 Grubbstrom，2006；浦徐进等，2007)做过相应的研究，但是都站在制造商的角度来分析如何实现效益最大化的问题。与这些研究不同的是，本章将专注于供应商之间的交互行为和相互影响关系，考虑一种最为基础的信息流优化方式，即供应商横向供应信息共享对于装配系统运作绩效的影响机制。具体而言，本章回答以下几个问题：

(1)当供应商无法分享彼此的供应信息时，每一个供应商应该如何选择最优的供货时间？

(2)当供应商的生产信息能够共享时，每一个供应商应该如何选择供货时间？

(3)对比不同模式下供应链的运作绩效，供应商横向信息共享能够在多大程度上提高个体和系统的效益？

(4)在此基础上，制造商能够采取哪些方式来提高系统的协同运作？

下面首先给出针对以上问题的基础模型假设。

## 3.2  模型建立与描述

考虑一个单周期多供应商准时供货模型。系统采取供应商管理库存的方式，即制造商需要提前将市场需求信息与每一个供应商进行共享，而供应商自行决定每一次自己的补货时间。在本书中，假定市场需求到达时间 $a$ 随机，但满足一定的概率。不失一般性，假设市场需求时间存在有限范围0~1(0代表需求最早的发生时间，1代表最晚的发生时间)；到达时间的概率累积函数和概率密度函数分别表示为 $F(a)$ 和 $f(a)$。根据供应链双方达成的协议，制造商只要在需求时间到达且所有供应商均完成供货之后，才会承担相应的库存成本。为便于计算，假定制造商的装配时间为0。供应商 $i$ 所选择的供货时间为 $T_i$，如果该时间早于需求发生时间或者所有供应商均完成供货的时间，供应商 $i$ 需要承担这段时间内所产生的库存持有成本。单位时间内的库存持有成本为 $\alpha_i$。但是一旦供应商的交货时间晚于市场需求发生的时间，制造商就会要求供应商赶工并承担相应的赶工成本，单位赶工成本为 $\beta_i$。考虑两种不同的装配系统信息模式：

一是信息封闭模式，供应商之间完全不共享彼此的供货时间信息。在这个环境下，供应商只能依据过去的历史经验来判断系统中可能的零部件配齐时间(所有供应商均完成供货)，并且以此为依据来选择自身的供货时间。假定该配齐时间为 $b$，并且分别满足概率累积和密度函数 $G(b)$ 与 $g(b)$。

二是信息共享模式，供应商之间能够分享彼此的供应信息，并在此基础上进行相应的供货时间选择。值得注意的是，在该模式下，供应商需要在共享信息后同时选择各自的供货时间。因此该模式可以看做一个多供应商纳什博弈模型。

综上所述，在这个单周期的供货过程中，每一个供应商需要确定一个最优的供货时间来降低自身的库存和赶工成本。但是对于制造商来说，他不需要承担任何的成本而只关注系统的服务水平(供应商的准时供货率)。模型的决策时间轴见图 3-1，相关参数设定见表 3-1。

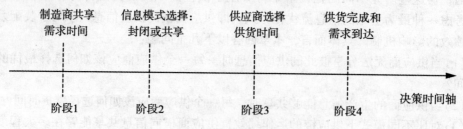

图 3-1　决策顺序示意图

表 3-1　模型参数设定

| 参数 | 说　明 |
|---|---|
| $T_i$ | 供应商 $i$ 的供货时间决策，$0 < T_i < 1$，$i = 1, 2, \cdots, n$ |
| $a$ | 零部件需求时间，$0 < a < 1$ |
| $b$ | 零部件配齐时间——最后一个供应商的交货时间，$0 < b < 1$ |
| $\gamma_i$ | 供应商库存持有成本和赶工成本之比 $\gamma_i = \alpha_i / \beta_i$，$i = 1, 2, \cdots, n$ |
| $\alpha_i$ | 供应商 $i$ 提前交货的单位库存持有成本，$i = 1, 2, \cdots, n$ |
| $\beta_i$ | 当供应商交货时间 $T_i$ 晚于制造商要求时间 $a$ 的单位时间赶工成本，$i = 1, 2, \cdots, n$ |
| $S$ | 准时供货率，即所有供应商在需求订单到达之前完成供货的概率 |
| $F(a)$ 与 $f(a)$ | 零部件需求时间 $a$ 的分布函数与概率密度函数 |
| $G(b)$ 与 $g(b)$ | 零部件配齐时间 $b$ 的分布函数与概率密度函数 |

为方便与之后的研究进行对比，首先分析供应商与制造商的 1 对 1 供应问题：即供应商独立供货模式。当供应商 $i$ 在不受到其他供应商供货时间影响的情况下，其成本由其选择的供应时间唯一决定：

$$C_i = \beta_i \int_0^{T_i} (T_i - a) f(a) \, da + \alpha_i \int_{T_i}^1 (a - T_i) f(a) \, da \tag{3-1}$$

前一项表示供应商延迟交货的赶工成本，后一项表示其提早交货的库存持有成本。通过对供货时间 $T_i$ 的导数可得：

$$C'_i(T_i) = (\alpha_i + \beta_i) F(T_i) - \alpha_i, \quad C''_i(T_i) = f(T_i) > 0$$

由于 $C_i''(T_i) > 0$，供应商的成本为其供应时间的凸函数。可以得到供应商在单独供货模式下的最优供货时间：

$$F(T_i) = \frac{\alpha_i}{\alpha_i + \beta_i} \qquad (3\text{-}2)$$

该结论是传统采购报童模型（newsboy model，Gallego and Moon，1993）的变形。唯一的区别在于，在报童模型里面，企业需要权衡是由于采购量过少所带来的机会成本损失和采购量过多导致的残值成本损失。而在独立供货模型里面，供应商需要权衡的是提前供货带来的库存持有成本和延迟供货所导致的赶工成本。因此，当供应商库存持有成本偏低时，供应商会选择尽早交货；而当赶工成本相对较低时，供应商会选择越晚交货。可以想象，当在装配系统中的每一个供应商都选择按照独立供货情况下的供货时间时，系统中供货时间最晚的供应商将是其库存持有成本和赶工成本的比值 $r_i$ 最大（令 $r_i = \alpha_i/\beta_i$）的那一个。自然而然，在这种情况下，零部件的配齐时间满足条件 $b = T_i = \max F^{-1}[\alpha_i/(\beta_i + \alpha_i)]$，而系统的准时供货水平为 $S = 1/(1 + \max \gamma_i)$。

分析供应商在单独供应模式下的表现，有助于了解供应商在多供应商配套供应环境下的供货时间及成本变化过程。下文重点分析在两种不同的信息模式下（封闭和共享），供应商应该如何选择最优的供货时间以及这些决策对于供应商成本与系统准时供货率的影响。

## 3.3　信息封闭模式

在信息封闭的情况下，每个供应商只能根据历史经验来预估可能存在的零部件配齐时间 $b$ 和订单的到达时间 $a$，并且以此为依据来选择自身的零部件供应时间。不同于独立供货模式，在这种情况下，供应商 $i$ 的成本将受到其他供应商供货时间的影响，其具体表现为以下三个部分：

（1）赶工成本 $\beta_i(T_i - a)$。这与零部件配齐时间 $b$ 无关，一旦供应商供货时间晚于零部件需求时间 $a$ 就会产生（$T_i > a$）；

（2）库存持有成本 $\alpha_i(a - T_i)$。当最终的零部件配齐时间 $b$ 早于制造商要货时间 $a$，并且供应商提前供货时产生（$a > b \& T_i < a$）；

（3）库存持有成本 $\alpha_i(b - T_i)$。当最终的零部件配齐时间 $b$ 晚于制造商要货时间 $a$，且供应商提前供货时产生（$a < b \& T_i < b$）。

因此，可以得到供应商 $i$ 的预期成本为：

$$C_i = \beta_i \int_0^{T_i} (T_i - a) f(a) \mathrm{d}a + \alpha_i \int_{T_i}^1 \int_0^a (a - T_i) f(a) g(b) \mathrm{d}a \mathrm{d}b + \alpha_i \int_{T_i}^1 \int_0^b (b - T_i) f(a) g(b) \mathrm{d}a \mathrm{d}b$$

$$(3\text{-}3)$$

**命题1**　考虑其他供应商的影响，在信息封闭的情况下，（1）所有配套供应商的交货时间都会延迟（相比于独立供货模式），期望成本会增加，对于制造商的服务水平也会下降；(2)最晚交货的供应商依然是库存持有成本和赶工成本比值 $\gamma_i$ 最大的供应商。

**证明：** 通过对式(3-3)求导可以得到供应商成本与其供货时间的关系。即 $C'(T_i) = \beta_i F(T_i) + \alpha_i F(T_i) G(T_i) - \alpha_i$ 以及 $C''(T_i) = \beta_i f(T_i) + \alpha_i f(T_i) G(T_i) + \alpha_i F(T_i) g(T_i)$。由此可见，$C''(T_i) > 0$ 代表供应商的期望成本是关于供货时间 $T_i$ 的凸函数 (convex)。因此，能够使得总成本最小的供货时间 $T_i$ 满足条件：

$$F(T_i) = \frac{\alpha_i}{\beta_i + \alpha_i G(T_i)} \tag{3-4}$$

比较式(3-2)与式(3-4)，可知由于 $0 < G(T_i) < 1$，每个供应商在信息封闭模式下的供货时间 $T_i$ 相比独立供货都会增大，从而导致系统整体的准时供货率降低。

式(3-4)可以变形为：

$$F(T_i) = \frac{\alpha_i}{\beta_i + \alpha_i G(T_i)} \Rightarrow F(T_i) = \frac{\gamma_i}{1 + \gamma_i G(T_i)} \Rightarrow F(T_i) = \gamma_i [1 - G(T_i) F(T_i)]$$

不难看出，存在 $\partial T_i / \partial r > 0$：供货时间 $T_i$ 随着比值 $\gamma_i$ 的增大而增大。由此可见，最终的零部件配齐时间 $b$ 仍然由 $\gamma_i$ 比值最大的供应商唯一决定。证毕。

命题1可以解释为，单个供应商在不知道其他供应商交货时间的情况下，无法准确得知零部件的配齐时间，因此会担心由于零部件配齐时间的延迟而增加自身的库存持有成本。其结果是每一个供应商都会选择推迟交货时间，以减少由于其他供应商晚交货所带来的负面影响。而随之产生的后果是：(1)部分供应商无谓地推迟了自身的供货时间，从而降低了系统的准时供货率。(2)供应商在不知道确切的系统最晚供货时间的情况下，所选择的供货时间并不能最大限度地降低成本。下面通过图3-2对比

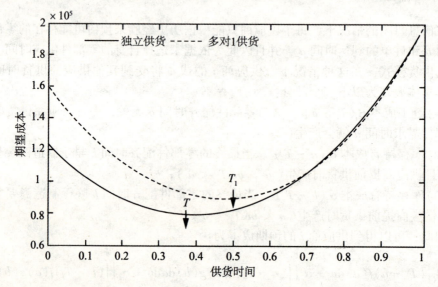

注：$\alpha = 0.25$，$\beta = 0.4$，$C = 100$，$Q = 1000$，$F(a)$ 符合 0~1 均匀分布，$G(b)$ 符合 $\mu = 0.5$，$\sigma = 0.125$ 正态分布。

图 3-2    信息封闭下供应商成本变化趋势

供应商在独立供货模式（1 对 1）和信息封闭供货模式（N 对 1）下的成本。如图所示，相比独立供货而言，无论供应商选择在何时交货，在信息封闭模式下的期望成本都会增大，最优的供货时间也会延迟。不仅如此，当供货时间越晚，两种情况下的成本差距越小。这可以解释为越晚供货，供应商受到系统零部件配齐时间的影响越小，至此我们找到了供应商们在信息封闭模式下的供货时间选择，下面将重点分析供应商在信息共享模式下的时间决策。

## 3.4　信息共享模式

如前所述，供应商的成本会受到系统中最晚交货供应商供货时间（零部件配齐时间）的影响。但是由于供货时间无法共享，供应商只能将历史经验数据作为自己供货时间选择的依据。本节将讨论：如果单个供应商能够提前知道系统中其他供应商的最晚供货时间，他应该如何选择自身的供货时间以最小化期望成本？下面首先给出单个供应商在信息共享模式下的最优供货时间决策。在此基础上，再进一步讨论多供应商的均衡供应时间决策。

对于供应商 $i$ 而言，当其提前知道系统中其他供应商的最晚交货时间（不失一般性，令该时间为 $b_1$），其相应的成本具有以下两种情况并由其供应时间唯一决定：

（1）供应商 $i$ 选择早于时间 $b_1$ 交货，即 $T_i < b_1$，则最终的零部件配齐时间 $b = b_1$（假定其他供应商不再更改供货时间）。供应商 $i$ 的预期成本为：

$$C_i = \alpha_i \int_{b_1}^{1} (a - T_i) f(a) \, da + \alpha_i \int_{0_i}^{b_1} (b_1 - T_i) f(a) \, da + \beta_i \int_{0}^{T_i} (T_i - a) f(a) \, da \qquad (3-5)$$

第一项表示当需求时间 $a$ 晚于 $b_1$ 所产生的供应商持有成本，第二项表示当需求时间 $a$ 早于 $b_1$ 时的供应商持有成本，最后一项表示当需求时间 $a$ 早于供应商供货时间 $T_i$ 时产生的赶工成本。

（2）供应商 $i$ 选择晚于其他供应商的最晚交货时间交货，即 $T_i > b_1$，则最终零部件的配齐时间为 $T_i$。此时供应商 $i$ 不会受到其他的供应商的影响。其预期成本为：

$$C_i = \beta_i \int_{0}^{T_i} (T_i - a) f(a) \, da + \alpha_i \int_{T_i}^{1} (a - T_i) f(a) \, da \qquad (3-6)$$

该式与独立供货模式下的式（3-1）相同，表明如果供应商 $i$ 选择成为系统中最晚交货的那一个，其成本函数不会受到其他供应商的影响。

**命题 2**　供应商 $i$ 的最优供货时间满足以下条件：

（1）当 $b_1 \leqslant F^{-1}\left(\dfrac{\alpha_i}{\alpha_i + \beta_i}\right)$ 时，最优供货时间 $T_i = F^{-1}\left(\dfrac{\alpha_i}{\alpha_i + \beta_i}\right)$；

（2）当 $F^{-1}\left(\dfrac{\alpha_i}{\alpha_i + \beta_i}\right) < b_1 \leqslant F^{-1}\left(\dfrac{\alpha_i}{\beta_i}\right)$ 时，最优供货时间 $T_i = b_1$；

（3）当 $b_1 > F^{-1}\left(\dfrac{\alpha_i}{\beta_i}\right)$ 时，最优供货时间 $T_i = F^{-1}\left(\dfrac{\alpha_i}{\beta_i}\right)$。

**证明：** 当供应商选择供货时间早于 $b_1$ 时（ $T_i < b_1$），根据式（3-5），通过对时间 $T_i$ 一阶求导可得 $C'(T_i) = \beta_i F(T_i) - \alpha_i$，二阶导数 $C''(T_i) = \beta_i f(T_i) > 0$，从而可知供应商成本是关于交货时间 $T_i$ 的凸函数。不妨令满足 $C'(T_i) = 0$ 的 $T_i$ 为 $T_i^1$。如果存在 $T_i^1 > b_1$，根据前提条件 $T_i \leqslant b_1$，$T_i^1$ 无法取到。而根据凸函数性质，在这种条件下，能够使得期望成本 $C_i$ 最小的供货时间应该满足条件 $T_i = b_1$。如果存在 $T_i^1 < b_1$，则最优的供货时间满足条件 $T_i = T_i^1 = F^{-1}\left(\dfrac{\alpha_i}{\beta_i}\right)$。

当供应商 $i$ 选择供货时间晚于 $b_1$ 时（ $T_i > b_1$），根据式（3-6），容易得出最优的供货时间 $T_i$ 满足条件 $T_i = F^{-1}\left(\dfrac{\alpha_i}{\alpha_i + \beta_i}\right)$。不妨也令 $T_i^2 = F^{-1}\left(\dfrac{\alpha_i}{\alpha_i + \beta_i}\right)$。由于 $C''(T_i) = (\alpha_i + \beta_i)f(a) > 0$，可得供应商成本 $C_i$ 依然是关于供货时间 $T_i$ 的凸函数。与前面的分析类似，如果存在 $T_i^2$ 小于 $b_1$，根据凸函数的性质和假设条件 $T_i > b_1$，易知能够使成本最低的供货时间 $T_i$ 应该等于 $b_1$。反之，最优的供货时间满足条件 $T_i = F^{-1}\left(\dfrac{\alpha_i}{\alpha_i + \beta_i}\right)$。

综合上述两种情况，当供应商 $i$ 在了解其他供应商的最晚交货时间 $b_1$ 的情况下，如果其自身在一对一供货模式中的供货时间晚于 $b_1$，他会选择按照 $F^{-1}\left(\dfrac{\alpha_i}{\alpha_i + \beta_i}\right)$ 来供货。否则，他会延迟并选择 $\max\left(b_1, F^{-1}\left(\dfrac{\alpha_i}{\beta_i}\right)\right)$ 作为其在信息共享模式下的供应时间。证毕。

命题 2 可以传递出以下信息：首先，对于供应商 $i$ 来说，当他发现其他供应商最晚交货时间早于自己在独立供货模式下的供货时间时，他会选择在独立供货模式下的供货时间作为其在该模式下的供货时间。这是因为供应商 $i$ 能够通过成为系统中最后一个交货的供应商而使其成本维持在独立供货模式下的大小。其次，一旦发现其他供应商的最晚交货时间晚于他的独立供货时间，供应商 $i$ 会选择延迟自身供货时间。但是即使如此，供应商 $i$ 新的供货时间不会晚于系统中已知的最晚供货时间。下面通过图 3-3 来进一步描述供应商 $i$ 在不同的其他供应商最晚交货时间下，最优的供货时间选择和相应的成本变化情况。根据数据假设，供应商 $i$ 的独立交货时间 $F^{-1}[\alpha_i/(\alpha_i + \beta_i)] = 0.38$ 和 $F^{-1}(\alpha_i/\beta_i) = 0.625$。因此，当其他供应商中的最晚交货时间为 $b_1 = 0.3$ 时，则他会按照自身的独立供货时间交货；如果最晚交货时间 $b_1 = 0.5$，供应商选择按照 0.5 交货；若最晚交货时间为 $b_1 = 0.7$，供应商选择按照 0.625 交货。

下面来分析多个供应商在信息共享模式下的供应时间选择问题。共享信息的步骤依次为：

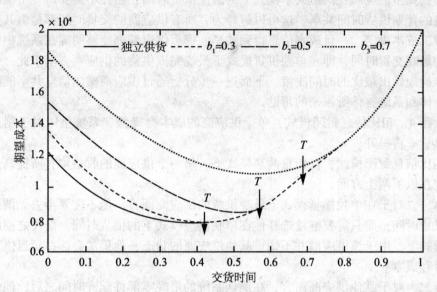

注：$\alpha = 0.25$，$\beta = 0.4$，$C = 100$，$Q = 1000$，$F(a)$ 符合 $0 \sim 1$ 均匀分布，三种不同的其他供应商最晚交货时间 $b_1 = 0.3$，$0.5$，$0.7$。

图 3-3　信息共享下的供应商成本变化趋势

(1)所有供应商同时选择各自的供货时间并将其共享给其他所用供应商；

(2)根据已知的系统中最晚供货时间，所有供应商调整各自的供货时间；

(3)如果此时系统中新的最晚供货时间发生了变化，则所有供应商按照步骤(1)和步骤(2)重新调整供货时间；

(4)如果系统中新的最晚供货时间保持不变，多供应商的供货时间达到均衡。

命题 3 给出多供应商均衡供货时间决策及其影响效果。

**命题 3**　在信息共享模式下，系统中零部件的配齐时间等于比例系数最大 $\gamma_i$ 的供应商在独立供货条件下的交货时间。

**证明：** 假定比值系数 $\gamma_i$ 最大的供应商直接选择在独立供货下的交货时间作为自己在多供应商系统中的供货时间(不妨令该时间为 $T_{max}$ )，并提前告知其他供应商。那么，对该供应商而言最好的情况是其他所有供应商重新选择的交货时间均不会晚于他。在此基础上，其他供应商将根据此时市场上已经存在的最晚交货时间来调整自己的供货时间。任何一个供应商的独立供货时间 $F^{-1}[\alpha_i/(\alpha_i + \beta_i)]$ 均小于已知的系统最晚交货时间 $T_{max}$ ，那么，根据命题2，即使供应商会选择延迟交货时间，也不会晚于 $T_{max}$ 。因此对于比值系数 $\gamma_i$ 最大的供应商而言，他的供货时间并没有受到影响；从而，系统整体的交货时间依然是 $b = \max F^{-1}[\alpha_i/(\alpha_i + \beta_i)]$ ，对制造商的准时交货概率为 $S = 1 - \max[\alpha_i/(\beta_i + \alpha_i)]$ 。这与每个供应商单独供货所得到的结果相同。证毕。

通过命题3可以看到，事实上供应商之间仅仅通过将彼此的生产成本系数共享，就能够找到多供应商在信息共享模式下的最优供货时间，而并不需要每一个供应商都将各自的计划供货时间共享。这可以解释为：所有供应商的交货时间都是由其持有成本和赶工成本决定。一旦成本信息得到共享，那么供应商都能够明确在系统中可能会出现的最晚交货时间，即在单独供货模式下最晚完成供货的供应商。基于此，供应商能够准确地做出最优的时间决策。下面进一步分析通过供应商横向信息共享能够对供应商个体和系统整体所带来的帮助。

**命题 4** 相比信息封闭模式，单个供应商的成本会降低，系统整体对于制造商的准时供货率将提升。

相比信息封闭模式，在信息共享模式下，每一个供应商的收益均有所提高。其效果体现在以下两个方面：

第一，对于在单独供货模式下最晚供货的供应商而言，他不需要再去无谓地推迟自身供货时间，而只需要继续选择他在单独供应模式下的供货时间。而在之前的信息封闭模式下，由于该供应商并不知道其他供应商的状态，他仍然会选择延迟供货以降低其库存成本。

第二，对于其他供应商而言，在确认系统的最晚零部件配齐时间之后，他们能够更加准确地选择最有利的供货时间，以最小化自身成本。下面通过表 3-2 来进一步比较供应商在单独供货模式、信息封闭模式和信息共享模式下的成本和系统准时供货水平的变化情况。

表 3-2　　　　　　　　　　　不同模式下供应商的成本对比

| 供应商 | 信息不共享 | | 信息共享 | | 独立供货 | |
|---|---|---|---|---|---|---|
| 成本比例系数 | 期望成本 | 交货时间 | 期望成本 | 交货时间 | 期望成本 | 交货时间 |
| 0.9 | 25829 | 0.56 | 23685 | 0.47 | 23685 | 0.47 |
| 0.85 | 25244 | 0.55 | 22983 | 0.47 | 22973 | 0.46 |
| 0.8 | 24625 | 0.54 | 22281 | 0.47 | 22224 | 0.44 |
| 0.75 | 23964 | 0.52 | 21579 | 0.47 | 21429 | 0.43 |
| 0.7 | 23255 | 0.51 | 20876 | 0.47 | 20589 | 0.41 |
| 0.65 | 22498 | 0.49 | 20174 | 0.47 | 19698 | 0.39 |
| 0.6 | 21674 | 0.48 | 19472 | 0.47 | 18752 | 0.38 |
| 0.55 | 20778 | 0.46 | 18770 | 0.47 | 17744 | 0.35 |
| 0.5 | 19795 | 0.43 | 18067 | 0.47 | 16668 | 0.33 |
| 0.45 | 18701 | 0.41 | 17345 | 0.45 | 15517 | 0.31 |
| 0.4 | 17477 | 0.38 | 16418 | 0.4 | 14287 | 0.29 |
| 0.35 | 16088 | 0.34 | 15241 | 0.35 | 12963 | 0.26 |
| 0.3 | 14506 | 0.3 | 13813 | 0.3 | 11539 | 0.23 |

与之前的算例假设相似，制造商的订单到达时间 $F(a)$ 符合 0~1 的均匀分布。配套供应商中最晚交货时间的分布函数 $G(b)$ 符合均值为 0.5，标准差为 0.125 的正态分布。为便于比较，假定存在多个供应商，其成本比例系数 $\gamma_i$ 均不相等，但是其赶工成本 $\beta_i$ 均为 1。每个供应商的生产数量为 1000 个，单位成本为 100。可以看到，相比信息封闭下的供应商成本，通过信息共享能够有效降低成本。其中当成本比例系数位于中间段时(0.75~0.55)的供应商效果最为明显，达到 10% 以上。比例系数越高或越低的供应商其成本降低的效果而并不明显(0.3 时压缩的成本为 5%)。这可以解释为，如果成本比例系数过高，供应商选择往后推迟交货时间的长度就会变短，从而增加的赶工成本不多。如果成本比例系数较低，则表明由于信息不共享所产生的库存持有成本量较小。而通过对比供应商在独立供货和信息共享下的成本，可以发现，当供应商的成本比例系数越高，信息共享模式中增加的成本越少。这是由于在信息共享模式下的零部件配齐时间是由比例系数最大的供应商所决定的。成本系数越高，越接近系统的零部件配齐时间，从而增加的成本也越少。至此我们找到了多个供应商在不同模式下的最优供货时间决策。下面简要探讨提高系统协同运作水平的方式。

## 3.5　协同运作机制

根据上一节的结论，可以看到通过供应商之间的横向共享信息能够有效提高对于制造商的响应速度以及降低每个供应商的成本。但是在这里存在 3 个问题：(1)将供应商的信息公开是否会受到众多供应商的抵触；(2)在信息共享模式下只有成本比值系数最大的供应商不会受到损失，而其他供应商则在一定程度上出现生产成本的增加(相比独立供货而言)；(3)单纯依靠供应商所做的供货时间决策并不能使供应链系统的成本达到最低，同时对于制造商的准时供货水平也存在提升的空间。因此，本节将简要讨论当制造商作为系统主导者，应该如何影响供应商的交货时间来提升供应链系统的协同运作水平。

首先给出系统在集中决策环境下的最优供货时间选择。显而易见，当系统作为一个整体时，所有供应商都应该选择同一个时间供货，从而避免不必要的库存持有成本。因此，系统在集中决策下最优的供货时间满足条件(令该系统最优供货时间为 $T^*$)：

$$F(T^*) = \sum_{1 \sim n} \alpha_i / \left( \sum_{1 \sim n} \alpha_i + \sum_{1 \sim n} \beta_i \right) \tag{3-7}$$

对于制造商而言，如果要提高系统的整体绩效，他必须促使所有供应商的供货时间能够尽量靠近 $T^*$，从而提高装配系统的供货同步性与及时性。在此基础上，提出以下两种提高供应商协同供货水平的优化手段。

(1)设置激励或者惩罚手段。简而言之，一旦供应商能够在需求时间到达之前完成供货，制造商通过对供应商提供一定的奖励 $B$ 以补偿供应商由于提前供货而产生的库存持有成本。而当供应商的供货时间晚于市场需求时间时，制造商需要采取一定的惩罚措施 $P$，以加大供应商由于延迟供货而产生的成本。该优化方案的基本原则在于，通过改变供应商的成本比例系数来提高供应商的供货同步性。在之前的模型中，可以看到当供应商的成本比例系数 $\gamma_i$ 偏高时，供应商会提早推迟自己的供货时间从而降低库存持有成本。针对这个情况，制造商就可以通过对这类供应商采取奖励措施，以加快他们的供货速度。与之相反，当供应商的成本比例系数偏低时，制造商则需要提高对他们采取惩罚措施以推迟他们的供货时间。理论上而言，欲达到系统的最优供货时间，制造商需要对不同的供应商采取相应的奖惩措施并且满足条件：

$$F(T^*) = \frac{\alpha_i + B_i y}{\alpha_i + B_i(1 - y) + \beta_i + P_i y}; \qquad y = \{0, 1\} \tag{3-8}$$

根据式 (3-8) 可知，制造商通过设定有效的奖惩机制，能够保证所有供应商的供货时间均与系统在集中决策下所选择的供货时间相同，从而实现系统的完美协调。但是值得注意的是，该方案尽管能够保证系统的整体成本最低，但是却无法保证每一个供应商的成本也得到降低。由于这需要涉及优化后利益分配的问题，在本章不作进一步的探讨。

（2）设定系统最晚供货时间。制造商根据需求时间信息和供应商的成本系数设定系统中的最晚交货时间 $b^*$。假定一旦晚于该时间点 $b^*$ 交货的惩罚成本为无穷大，那么所有的供应商会选择在时间 $b^*$ 交货或者提前交货。对于供应商在此条件下的最优供货时间选择，可以依据命题 2 做出判断，即：

$$T_i = \begin{cases} b^* & b^* \leqslant F^{-1}\left(\dfrac{\alpha_i}{\alpha_i + \beta_i}\right) \\ \max\left(F^{-1}\left(\dfrac{\alpha_i}{\beta_i}\right), b^*\right) & b^* > F^{-1}\left(\dfrac{\alpha_i}{\alpha_i + \beta_i}\right) \end{cases} \tag{3-9}$$

可以看到，当制造商设定的 $b^*$ 越小，对于成本比例系数越小的供应商更为有利；反之，对于成本比例系数偏大的更为有利。由于存在：

$$\min\left(\frac{\alpha_i}{\alpha_i + \beta_i}\right) < F(T^*) < \max\left(\frac{\alpha_i}{\alpha_i + \beta_i}\right) \tag{3-10}$$

制造商对于最晚交货时间 $b^*$ 的选择一定存在于范围 $[\min(\alpha_i/(\alpha_i + \beta_i)),$ $\max(\alpha_i/(\alpha_i + \beta_i))]$ 之间。但是值得注意的是，制造商所选择的最晚交货时间 $b^*$ 并不一定等于系统在集中决策下所选择的供货时间 $T^*$。这是由于即便制造商选择 $b^* = T^*$，一些成本比例系数偏小的供应商仍然会选择提前供货，从而导致系统无法实现所有供应商的同步供货。由此可见，相比之前提出的优化方案（奖惩措施），通过设定系统最晚的交货时间无法实现系统的完美协调。

# 3.6 本章小结

现有研究文献更关注供应链上下游之间需求信息共享的问题，而缺乏对于供应商横向信息共享问题的研究。但是对于装配系统而言，供应商横向信息共享却相当重要。本章重点分析了实现供应商之间的横向信息共享对于供应商个体收益和供应链整体绩效的提升效果。首先建立了在需求时间不确定环境下，多个配套供应商对单制造商的单周期准时供货模型。考虑三种不同环境下供应商的最优供货决策，即单独供货模式(1对1)、信息封闭供货模式(N对1)和信息共享供货模式(N对1)。通过对比不同模式下供应商最优供货时间决策的变化，验证了供应商横向信息共享对于装配系统的价值。在此基础上，提出两种不同的提升系统协同运作的优化机制：设定奖励与惩罚措施、设定系统最晚交货时间。研究结果主要包括以下几点：

(1)供应商横向供应信息共享，不仅能够有效降低每一个供应商的运作成本，而且能够提供系统的整体供货水平。这一正向效果产生的原因一是部分供应商在了解其他供应商的供货信息后，不会选择无谓地延迟自身供货时间；二是供应商能够根据系统确定的最晚交货时间来选择最合适的供货时间，从而最小化自身成本。

(2)对比独立供货模式，每一个供应商在多供应商供货模式下的成本均有所提高，尤其是针对成本比例系数偏小的供应商则更为明显。这一点说明，在装配系统中每一个供应商均不可避免地受到供货不同步所产生的负面影响。同时，单纯通过供应商横向信息共享对于个体和系统绩效提高存在一定的局限性。

(3)制造商设定奖励和惩罚措施或者设定系统最晚交货时间均能够有效提高系统的整体绩效。但是值得注意的是，前者能够实现系统绩效的最大化，而后者则无法实现这一点。另外，任何一种方案均不能保证系统中每一个参与者均能够受益于此。

综上所述，可以看到由于供应商横向信息共享能够帮助系统中每一个供应商都提高各自的运作效率，这也就保证了系统中的每一个节点企业都有主动意愿来共享各自的生产供应时间信息。因此，横向信息共享将作为本书后几章研究的前提条件。当然，本章的研究也存在一定的局限性：(1)没有考虑制造商与供应商的互动；(2)单纯研究信息流优化——供应商横向信息共享对于系统绩效的提升。接下来，本书将进一步考虑在保证装配系统信息共享的前提下，制造商应该如何采取其他方式来提高装配统的运作绩效。

# 4 基于制造商库存转移时限的协同供应模型研究

第 3 章的研究结果表明，供应商横向信息共享仅仅是实现多供应商协同供货的必要条件之一。由于每一个供应商仍然是独立供货且以自身利益最大化为目标的运营个体，即使在信息共享的环境下，他们的供货时间也无法达到一致。针对这一问题，核心制造商往往会要求供应商就近设点并实施供应商管理库存的方式（VMI），以降低由于供应商供货不同步所带来的库存风险。本章将通过建立数学理论模型来验证实施 VMI 对于装配系统的实际运作效果，并提出相应的库存优化改进方案。具体来看，本章分别建立需求时间不确定环境下的单供应商对单制造商供货模型和多供应商对单制造商准时供货模型。研究结果证明采用 VMI 策略并不是制造商的最优选择，而且其负面效应会随着供应商供货不同步性的增大而增加。在此基础上，提出制造商可以通过针对供应商设定不同（相同）的库存转移时限以分担供应商库存成本，从而有效提升企业个体和供应链整体的运作绩效。

## 4.1 问题产生背景

鉴于装配式系统的基本运作模式：多个独立运作的供应商将品种繁多、数量庞大的零部件汇集到单个核心制造企业进行装配，供应商供货出现延迟的情况时有发生。而其中任何一种零部件的供货延迟，都将使整个生产过程发生停顿，不仅影响到装配系统对于市场需求的响应速度，而且会大大增加其他配套零部件的持有成本。因此，针对供应商供货不同步的风险，核心制造商往往会要求其零部件供应商必须围绕它就近设点并实施 VMI 库存管理（就近供货模式）。该模式的优势在于：

（1）供应商能够根据制造商提供的市场需求信息自行决定每一次的补货时间和补货批量，从而更加准确地选择零部件供货时间。

（2）制造商能够完全消除由于供应商供货不同步所产生的库存持有成本：当生产所需的零部件配齐或者市场需求到来之前，零部件都将储存在供应商的配送仓库。

VMI（Vendor Managed Inventory）被认为是一种能够有效降低市场需求不确定性（牛鞭效应）和供应链整体库存水平的运作模式（Qetinkaya 和 Lee，2000），并且被广泛地应用于诸如汽车、电子制造等的加工装配系统（Waller 等，1999）。但是，随着应用和研究的深入，其弊端也逐步凸显：制造商往往利用 VMI 将库存成本转嫁给供应商，从而伤害到供应商以及供应链的整体绩效（Lee 和 Chu，2005；Rung 等，2007；Dong 和 Xu，2002）。可以预见，为了抵御由于实施 VMI 所带来的库存持有成本的增加，供应商不得不选择延迟其零部件的供应。而在装配系统中，如果每一个供应商都选择这样做的话，其结果不仅会降低制造商对于客户的响应水平，而且有可能伤害制造商的自身利益。

因此本章将首先回答：在装配系统中是否应该由供应商来完全承担库存持有成本？如果不是，那么制造商又应该如何选择库存管理优化策略呢？本章将考虑一种新的库存管理优化方式，即制造商通过设定库存转移时限来分担供应商的零部件库存。库存转移时限又称为库存责任期，它代表当零部件供货完成而需求尚未发生时，供应商需要承担库存成本的时间长度，最早由 Barnes 等（2000）提出。一般来说，库存转移时限越短对于供应商更有利，因为一旦完成供货，供应商能够马上将库存成本转移到制造商身上。与此相反，库存转移时限越长貌似对制造商更为有利。而当该时限设定为最长时，就变成在当前在装配系统中所广泛使用的 VMI 管理策略。具体而言，本章将研究以下问题：

（1）当制造商设定不同的库存承担时限时，供应商们应该如何选择最优的供货时间以最大化自身利益？

（2）针对供应商们可能出现的反应，制造商又应该如何设定最优的库存承担时限？

（3）不同的库存承担时限的优化策略能够对系统与个体的绩效带来怎样的影响？

（4）在此基础上，如何才能实现整个装配系统的协同运作？

下面首先给出针对以上问题的基础模型假设。

## 4.2　模型建立与描述

考虑一个由 $n$ 个供应商和单个制造商所组成的装配系统，最终产品由 $n$ 个零部件构成并且分别由每个供应商按照 1∶1 的比例供应。假定在每一个阶段内订单的需求数量已知，但到达时间 $a$ 不确定。订单到达时间符合概率分布函数 $F(a)$ 和概率密度函数 $f(a)$。根据要求，供应商需要根据需求时间信息确定每一次向制造商供货的时间 $T_i$。值得注意的是，制造商同时也会提前给所有的供应商设定一个库存承担时限 $L_i$。一旦供应商的供货时间早于订单达到时间 $a$，如果提早时间在承担期限 $L_i$ 之内（$a - T_i \leqslant L_i$），库存持有成本由供应商承担，令单位时间库存持有成本为 $h_i$。如果提前交货时间超出了承担期限 $L_i$（$a - T_i > L_i$），则在时限之外的库存成本转由制造商承担。可以想象，当制造商将库存承担时限设定为 $L_i = \infty$，其结果与就近供货模式中所采用的 VMI 策略相同：制造商只有在需求时间到达且零部件配齐时才会支付给供应商相应的费用。如果供应商的供货时间晚于订单到达时间（$T_i > a$），供应商会受到制造商的惩罚，单位延迟惩罚成本为 $\beta_i$。与此同时，制造商也会产生由于延迟供货的成本损失，单位延迟时间成本为 $\beta$。一定存在 $\beta > \beta_i$，这代表着制造商不能通过供应商的延迟供货而产生收益。与上一章的模型设定不同，此时装配系统内的全部信息都能够得到共享(供应商成本、需求时间等)。假定供应链成员均为风险中性且以成本最小化为目标。系统的决策过程如图 4-1 所示。

（1）制造商的需求与供应商的成本实现信息共享；

（2）制造商确定针对供应商设定的库存承担时限长度；

（3）在掌握市场需求时间和其他供应商的成本信息之后，所有供应商同时选择各自的零部件供货时间；

（4）当需求和零部件供应完成后，相关成本产生。由此可见，整个决策过程可以看做一个嵌套博弈问题：首先是制造商(主方)和供应商(从方)之间的主从博弈问题。其次，由于每一个供应商的成本都会受到其他供应商供货时间的影响，供应商之间的供货时间决策可以看做一个纳什博弈。表 4-1 为模型相关参数设定。

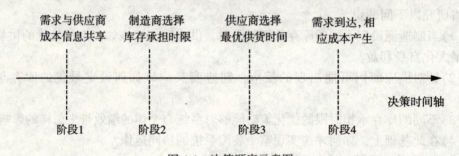

图 4-1　决策顺序示意图

表 4-1　　　　　　　　　　　　　　模型参数设定

| 参数 | 说　　明 |
| --- | --- |
| $T_i$ | 供应商 $i$ 的供货时间决策，$0 < T_i < 1$，$i = 1, 2, \cdots, n$ |
| $a$ | 需求达到时间，$0 < a < 1$ |
| $L_i$ | 库存承担时限，$i = 1, 2, \cdots, n$ |
| $h_i$ | 零部件 $i$ 的单位库存持有成本，$i = 1, 2, \cdots, n$ |
| $\beta_i$ | 零部件 $i$ 的延迟供货惩罚成本，$i = 1, 2, \cdots, n$ |
| $\beta$ | 制造商的延迟供货惩罚成本，$\beta > \beta_i$，$i = 1, 2, \cdots, n$ |
| $B$ | 系统中零部件的配齐时间，即供应商最晚的供货时间，$B = \max(T_i)$，$i = 1, 2, \cdots, n$ |
| $F(a)$ 与 $f(a)$ | 零部件需求时间 $a$ 的分布函数与概率密度函数 |

## 4.3 单供应商系统

与第3章的方式类似，为便于比较多供应商供货不同步所带来的影响，首先分析单供应商对单制造商的准时供货模型。根据博弈论的基本原理，首先从系统从方(供应商)的最优决策(供货时间)展开讨论。

供应商决策变量为供货时间点 $T_i$，其期望成本为：

$$C_S = \beta_i \int_0^{T_i} (T_i - a)f(a)\,\mathrm{d}a + h_i\Big[\int_{T_i}^{T_i+L_i}(a-L_i)f(a)\,\mathrm{d}a + \int_{T_i+L_i}^{\infty}L_if(a)\,\mathrm{d}a\Big] \quad (4\text{-}1)$$

第一项是供应商延迟供货的惩罚成本，后两项是供应商提前供货的库存持有成本。其中，前一项代表当提前时间小于库存承担时限的成本($a - T_i \leqslant L_i$)，而后一项则代表当提前时间大于库存承担时限的成本($a - T_i > L_i$)。假定订单到达时间的概率密度函数 $f(a)$ 满足条件 $[f(a)/F(a)]^{-1} \leqslant 0$，即存在一个递减故障率，基本上主要的分布函数如正态、指数、均匀分布均满足这一条件。在此基础上，得到引理1。

**引理1** 供应商成本是关于其供货时间的单峰曲线，最优供货时间满足条件 $(h_i + \beta_i)F(T_i) - h_iF(T_i + L_i) = 0$。

**证明：** 通过对供应商成本求导可得：

$$\frac{\partial C_S}{\partial T_i} = (h_i + \beta_i)F(T_i) - h_iF(T_i + L_i) = \Big[\frac{(h_i + \beta_i)F(T_i)}{h_iF(T_i + L_i)} - 1\Big]h_iF(T_i + L_i) \quad (4\text{-}2)$$

由于 $\Big[\frac{f(a)}{F(a)}\Big]^{-1} \leqslant 0$，存在 $\frac{f(T_i)}{F(T_i)} > \frac{f(T_i + L_i)}{F(T_i + L_i)}$，可以推导出：

$$\Big[\frac{F(T_i)}{F(T_i + L_i)}\Big]^{-1} = \frac{f(T_i)F(T_i + L_i) - f(T_i + L_i)F(T_i)}{F(T_i + L_i)^2} > 0$$

当 $\frac{(h_i + \beta_i)F(T_i)}{h_iF(T_i + L_i)} \leqslant 1$ 时，$\frac{\partial C_S}{\partial T_i} \leqslant 0$，供应商成本随着其供货时间的增大而降低。

另外，当 $\frac{(h_i + \beta_i)F(T_i)}{h_iF(T_i + L_i)} > 1$ 时，$\frac{\partial C_S}{\partial T_i} > 0$，供应商成本随着其供货时间的增大而单调递增。值得注意的是，由于 $\frac{\partial^2 C_S}{\partial T^2}$ 在 $\frac{(h_i + \beta_i)F(T_i)}{h_iF(T_i + L_i)} \leqslant 1$ 时无法证明其恒大于0，供应商的期望成本并不是供货时间 $T$ 的凸函数(convex)。但是根据之前的分析，可以看到供应商成本为其供货时间的单峰曲线(unimodal)。因此，存在最优的供货时间使得供应商成本最低并且满足条件 $(h_i + \beta_i)F(T_i) - h_iF(T_i + L_i) = 0$。证毕。

通过引理1可知，供应商的最优供货时间 $T_i^1$ 随着库存持有成本的增大而增大，随着惩罚系数的增大而减小。这一点和传统的准时供货模型相同（Iyer, Bergen, 1997）。通过 $T_i^1$ 与库存承担时限 $L_i$ 的关系，可以看到：当 $L_i = 0$ 时，供应商会选择在需求有可能发生的第一时间交货——$T_i^1 = 0$。而伴随着 $L_i$ 的增大，$\dfrac{F(T_i)}{F(T_i + L_i)}$ 会单调递减，因此存在：

$$\frac{dT_i}{dL_i} = \frac{h_i f(T_i + L_i)}{(h_i + \beta_i) f(T_i) - h_i f(T_i + L_i)} > 0 \qquad (4\text{-}3)$$

制造商设定的库存承担时限越长，供应商的交货时间越晚，从而出现延迟的可能性越大。这一点可以解释为当库存承担时限越长，供应商需要承担的由于提前交货所产生的库存成本就越高。因此，他会选择延迟供货时间以降低库存成本。至此，从方供应商的最优决策已经找到，下面将分析制造商最优的库存承担时限设置。

作为系统中的主方，制造商需要根据供应商的反应来设定合理的库存承担时限。其期望成本为：

$$C_m = (\beta - \beta_i) \int_0^{T_i} (T_i - a) f(a) \, da + h_i \int_{T_i + L_i}^{\infty} [a - (T_i + L_i)] f(a) \, da] \qquad (4\text{-}4)$$

**引理 2** 制造商最优的库存承担时限 $L_i$ 满足条件 $(h_i + \beta_i) F(L_i) - h_i F(L_i + T_i)$ $\dfrac{dL_i}{dT_i} = 0$。

**证明**：鉴于库存承担时限 $L_i$ 和供货时间 $T_i$ 存在着一一对应关系 $\left( \dfrac{dL_i}{dT_i} > 0 \right)$，制造商的决策量 $L_i$ 可以用 $T_i$ 来代替。这一点，在后面多对 1 模型的证明中相当重要。对 $C_m$ 求关于 $T_i(L_i)$ 的导数可得：

$$\frac{dC_m}{dT_i} = \frac{\partial C_m}{\partial T_i} + \frac{\partial C_m}{\partial L_i} \frac{dL_i}{dT_i} = [(\beta + h_i) F(T_i) - h_i] - h_i [1 - F(T_i + L_i)] \frac{dL_i}{dT_i} \quad (4\text{-}5)$$

$T_i$ 的取值范围为 $\left[ 0, F^1 \left( \dfrac{h_i}{h_i + \beta_i} \right) \right]$。当 $T_i = 0 (L_i = 0)$ 时，存在 $\dfrac{dC_m}{dT_i} = - h_i [1 - F(T_i + L_i)] \dfrac{dL_i}{dT_i} < 0$。而当 $T_i$ 取最大值 $T_i = F^1 \left( \dfrac{h_i}{h_i + \beta_i} \right)$ $(L_i = \infty)$ 时，存在 $\dfrac{dC_m}{dT_i} = [(\beta + h_i) F(T_i) - h_i] > 0$。因此，根据中值定理，必然存在一个合适的 $T_i$ 使得 $\dfrac{dC_m}{dT_i} = 0$，此时的制造商成本 $C_m$ 达到最小。证毕。

通过引理 2 可以发现，对于制造商而言，并非供应商库存承担时限越长越好，从而从侧面说明了单纯使用供应商管理库存（VMI）并不是制造商的最优选择。这一与实际运情况大不相同的结论可以解释为：一般而言，下游的制造商都希望能够尽量推迟对于供应商的支付。但是如果制造商延长的库存承担时限（$L_i = \infty$）过长，会导致供应商延迟其供货时间。因此，即使制造商可以将其库存成本降低为 0，但是由于延迟供货带来的缺货惩罚成本会更大，从而最终导致制造商利益受损。下面分析系统在集中决策下的表现，以给出系统实现协同的必要条件。

将供应商和制造商看做一个整体，不难得到，系统的期望成本以及最优的交货时间 $T^0$ 分别等于：

$$C_t = C_s + C_m = \beta \int_0^{T_i} (T_i - a) f(a) \, \mathrm{d}a + h_i \int_{T_i}^{\infty} (a - T_i) f(a) \, \mathrm{d}a$$

$$F(T^0) = \frac{h_i}{h_i + \beta}$$

将 $T^0$ 代入式(4-5)中，可得：

$$\frac{\mathrm{d}C_m}{\mathrm{d}T_i} \Big|_{T^0} = - h_i \left[ 1 - F(T^0 + L_i) \right] \frac{\mathrm{d}L_i}{\mathrm{d}T^0} < 0 \tag{4-6}$$

这表明在分散决策下，供应商的供货时间要大于在集中决策下的供货时间（$T_i^1 > T^0$）。这是因为欲使 $\frac{\mathrm{d}C_m}{\mathrm{d}T} \Big|_{T_i^1} = 0$，必然存在 $(\beta + h_i) F(T_i^1) - h_i > 0$。由此可见，在分散决策下，系统的总成本不仅会更高，对于客户的准时供货水平则会更低（如图 4-2 所示）。

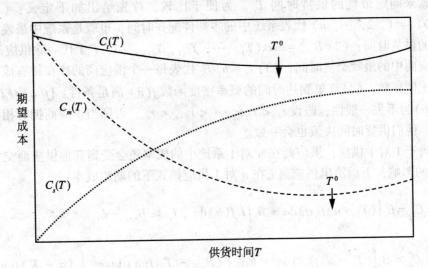

市场需求满足均匀分布 $[0, 180]$，$h_i = 15$，$\beta_i = 30$，$\beta = 50$

图 4-2　集中与分散决策对比

通过图 4-2 可以看到，分散决策下的供货时间 $T_i^1$ 要明显晚于集中决策供货时间 $T^0$，从而可得供应链的帕累托（Pareto）改进区间为 $(T^0, T_i^1)$。任何激励措施能够促

使 $T^*$ 向 $T^0$ 靠拢都能够提高供应链的收益。进一步得到，欲实现系统的协同，即供应链在两种决策模式下的成本相同，制造商必须压缩其库存承担时限长度，使 $L_i$ 满足条件：

$$F(T_i^1 + L_i) = \frac{h_i + \beta_i}{h_i + \beta} \tag{4-7}$$

至此，我们找到了单供应商—单制造商模型中供应商和制造商的最优决策以及实现系统协同的必要条件。下面将在这一基础之上，将模型扩展到多供应商—单制造商，并且研究装配系统中多个供应商协同供货的方式和制造商最优的库存承担时限设置。

## 4.4 多供应商系统

### 4.4.1 供应商决策

仍然先从系统中的从方——供应商入手。不同于上一节的模型，此时供应商 $i$ 需要根据市场需求信息 $a$、制造商设定的库存承担时限 $L_i$ 和其他供应商的供货时间这三个因素来确定最优的供货时间 $T_i$。为便于比较，首先给出如下定义：（1）$B = \max(T_i)$（$i = 1, 2, \cdots, n$）代表系统中的零部件配齐时间，也就是系统中最晚供货的供应商的供货时间；（2）$B_{n-i} = \max(T_1, \cdots, T_{i-1}, T_{i+1}, \cdots, T_n)$ 代表除供应商 $i$ 外，其他供应商中的最晚交货时间；（3）$r_i = h_i/\beta_i$ 代表每一个供应商的库存持有成本与惩罚成本比例系数；（4）订单到达时间的概率密度函数 $f(a)$ 满足条件：$[f(a)/F(a)]^{-1} \leqslant 0$；（6）为不失一般性，假设 $r_1 < r_2 < \cdots < r_{n-1} < r_n$，否则当供应商拥有相同的比例系数，他们供货时间决策也会一致。

不同于 1 对 1 供应，供应商在 $n$ 对 1 系统中的成本还会受到其他供应商交货时间（$B_{n-i}$）的影响，下面给出供应商 $i$ 在 $n$ 对 1 供应模式下的期望成本：

（1）$C_i^1 = \beta_i \int_0^{T_i} (T_i - a)f(a)\mathrm{d}a + h_i \int_{T_i}^{\infty} L_i f(a)\mathrm{d}a$，$T_i \leqslant B_{n-i} - L_i$

（2）$C_i^2 = \beta_i \int_0^{T_i} (T_i - a)f(a)\mathrm{d}a + h_i [ \int_{T_i}^{B_{n-i}} (B_{n-i} - T_i)f(a)\mathrm{d}a + \int_{B_{n-i}}^{T_i+L_i} (a - T_i)f(a)\mathrm{d}a +$

$\int_{T_i+L_i}^{\infty} L_i f(a)\mathrm{d}a ]$

（3）$C_i^3 = \beta_i \int_0^{T_i} (T_i - a)f(a)\mathrm{d}a + h_i \int_{T_i}^{T_i+L_i} (a - T_i)f(a)\mathrm{d}a + h_i \int_{T_i+L_i}^{\infty} L_i f(a)\mathrm{d}a$，$B_{n-i} < T_i$

可以看到，当供应商 $i$ 在知道其他供应商的最晚交货时间 $B_{n-i}$ 时，期望成本将存在 3 种可能的形式，分别依据 $B_{n-i}$、$B_{n-i} - L_i$ 和自身的供货时间 $T_i$ 决定。当供应商 $i$ 交货时间较早时（ $T_i \leq B_{n-i} - L_i$ ），无论需求何时到来，其库存持有时间均为 $L_i$ ；当供应商 $i$ 交货时间最晚时（ $B_{n-i} < T_i$ ），可以看到其成本不会受到其他供应商的影响，成本函数与其在 1 对 1 供货时相同；只有当供应商 $i$ 的交货时间位于中间段时（ $B_{n-i} - L_i < T_i \leq B_{n-i}$ ），其库存持有成本会受到 $B_{n-i}$ 的影响。而惩罚成本无论在哪种情况下都保持不变，仅仅由供货时间 $T_i$ 和需求时间 $a$ 决定。根据 3 段不同的成本表达式，可以得到单个供应商在多供应商环境下的最优供货时间 $T_i$。

**命题 1** 对于供应商 $i$，当 $\dfrac{F(B_{n-i})}{F(B_{n-i} + L_i)} \leq \dfrac{h_i}{h_i + \beta_i}$ 时，供货时间 $T_i$ 满足条件 $\dfrac{F(T_i)}{F(T_i + L_i)} = \dfrac{h_i}{h_i + \beta_i}$。当 $\dfrac{F(B_{n-i})}{F(B_{n-i} + L_i)} > \dfrac{h_i}{h_i + \beta_i}$ 时，供货时间 $T_i$ 满足以下三种情况中对应的一个：

(1) 当 $0 \leq \left( \dfrac{\partial C_i^2}{\partial T_i} \Big|_{T_i = B_{n-i} - L_i} \right)$，$\beta_i F(T_i) - h_i L_i f(T_i) = 0$；

(2) 当 $\left( \dfrac{\partial C_i^1}{\partial T_i} \Big|_{T_i = B_{n-i} - L_i} \right) < 0$，$(h_i + \beta_i) F(T_i) - h_i F(T_i + L_i) - h_i f(T_i)(B_{n-i} - T_i) = 0$；

(3) $\beta_i F(T_i) - h_i L_i f(T_i) = 0$ 或者 $(h_i + \beta_i) F(T_i) - h_i F(T_i + L_i) - h_i f(T_i)(B_{n-i} - T_i) = 0$。

**证明：** 可以看到，供应商 $i$ 的期望成本为一个 3 阶段分段函数。因此需要找到在每个阶段内最优的供货时间，然后再综合比较获得整体最优的供货时间。

(1) $T_i \leq B_{n-i} - L_i$。通过求导可得 $\dfrac{\partial^2 C_i^1}{\partial T_i^2} = \beta_i f(T_i) - h_i L_i f'(T_i) > 0$，供应商的期望成本为其供货时间的凸函数（convex）。因此，最优供货时间满足条件 $\beta_i F(T_i) - h_i L_i f(T_i) = 0$。但是由于 $T_i$ 的取值范围为 $[0, B_{n-i} - L_i]$，从而导致在这一前提下，最优的供货时间为：

$$\begin{cases} T_i = B_{n-i} - L_i, & \left( \dfrac{\partial C_i^1}{\partial T_i} \Big|_{T_i = B_{n-i} - L_i} \right) \leq 0 \\ \beta_i F(T_i) - h_i L_i f(T_i) = 0, & \text{其他} \end{cases}$$

(2) $B_{n-i} - L_i < T_i \leq B_{n-i}$。同理，通过求导可以得到在第二阶段内最优的供货时间 $T_i$：

$$\begin{cases} T_i = B_{n-i} - L_i & \left( \dfrac{\partial C_i^2}{\partial T_i} \Big|_{T_i^2 = B_{n-i} - L_i} \right) \geq 0 \\ (h_i + \beta_i) F(T_i) - h_i F(T_i + L_i) - h_i f(T_i)(B_{n-i} - T_i) = 0 & \text{其他} \end{cases}$$

（3）$B_{n-i} \leqslant T_i$。在这一阶段，供应商的期望成本与其在 1 对 1 供应时的一样。当 $\left(\frac{\partial C_i^3}{\partial T_i}\bigg|_{T_i=B_{n-i}}\right) \leqslant 0$ 时，$\frac{F(T_i)}{F(T_i+L_i)}=\frac{h_i}{h_i+\beta_i}$。而当 $\left(\frac{\partial C_s^3}{\partial T_i}\bigg|_{T_i=B_{n-i}}\right) > 0$ 时，供应商最优的供货时间只能是 $T_i = B_{n-i}$。

下面进行综合比较。对于供应商 $i$ 而言，最好的情况是他能够按照 1 对 1 模式下进行供货而不受到其他供应商的影响。因此，当 $\left(\frac{\partial C_i^3}{\partial T_i}\bigg|_{T_i=B_{n-i}}\right) \leqslant 0 \Rightarrow (h_i+\beta_i)F(B_{n-i}) - h_iF(B_{n-i}+L_i) \leqslant 0$，即其他供应商的最晚交货时间 $B_{n-i}$ 早于供应商 $i$ 在 1 对 1 模式下的供货时间时，供应商会选择按照 1 对 1 供货时的供货时间 $\frac{F(T_i)}{F(T_i+L_i)}=\frac{h_i}{h_i+\beta_i}$。

而当 $\left(\frac{\partial C_s^3}{\partial T_i}\bigg|_{T_i=B_{n-i}}\right) > 0$ 时，首先比较情况（2）与情况（3）。根据之前的分析，在第三阶段的最优选择为 $T_i = B_{n-i}$，而这一选择一定劣于供应商在第二阶段的最优选择。这是因为 $\left(C_i^3\big|_{T_i=B_{n-i}}\right) = \left(C_i^2\big|_{T_i=B_{n-i}}\right)$ 且 $\left(\frac{\partial C_i^2}{\partial T_i}\big|_{T_i=B_{n-i}}\right) > 0$。所以 $T_i = B_{n-i}$ 在第二阶段永远不是一个好的选择。

同理分析情况（1）与情况（2）。存在 $\left(C_i^1\big|_{T_i=B_{n-i}-L_i}\right) = \left(C_i^2\big|_{T_i=B_{n-i}-L_i}\right)$ 以及 $\left(\frac{\partial C_i^2}{\partial T_i}\big|_{T_i=B_{n-i}-L_i}\right) < \left(\frac{\partial C_i^1}{\partial T_i}\big|_{T_i=B_{n-i}-L_i}\right)$。当满足 $0 \leqslant \left(\frac{\partial C_s^2}{\partial T_i}\big|_{T_i=B_{n-i}-L_i}\right)$ 时，第二阶段的最优选择为 $T_i = B_{n-i} - L_i$。由于存在 $\left(C_i^2\big|_{T_i=B_{n-i}-L_i}\right) = \left(C_i^1\big|_{T_i=B_{n-i}-L_i}\right) < \left(C_i^1\big|_{T_i=T_i^1}\right)$，$T_i$ 满足条件 $\beta_iF(T_i) - h_iL_if(T_i) = 0$ 为整体最优的选择。当 $\left(\frac{\partial C_i^1}{\partial T_i}\big|_{T_i=B_{n-i}-L_i}\right) < 0$ 时，第一阶段的最优选择为 $T_i = B_{n-i} - L_i$。显然，$T_i$ 满足条件 $(h_i+\beta_i)F(T_i) - h_iF(T_i+L_i) - h_if(T_i)(B_{n-i}-T_i) = 0$ 为更好的选择。而当 $\left(\frac{\partial C_i^2}{\partial T_i}\big|_{T_i=B_{n-i}-L_i}\right) < 0 < \left(\frac{\partial C_i^1}{\partial T_i}\big|_{T_i=B_{n-i}-L_i}\right)$ 时，会同时出现 2 段凸函数曲线分别存在于 $(0, B_{n-i} - L_i)$ 和 $(B_{n-i} - L_i, B_{n-i})$ 之间。因此，在这种条件下，整体最优供货时间的获取必须通过比较 $(C_i^1, C_i^2)$ 中成本更小的那一个才能得到。证毕。

通过命题 1 可以知道，只有当 $\frac{F(B_{n-i})}{F(B_{n-i}+L_i)} \leqslant \frac{h_i}{h_i+\beta_i}$ 时，供应商 $i$ 的供货时间才会晚于其他供应商中的最晚交货时间（$T_i \geqslant B_{n-i}$），其供货时间与他在 1 对 1 供应模式下相同，预期成本也将达到最低。而当 $\frac{F(B_{n-i})}{F(B_{n-i}+L_i)} > \frac{h_i}{h_i+\beta_i}$ 时，供应商 $i$ 的供货时间将早于其他供应商中的最晚交货时间（$T_i < B_{n-i}$）。换句话说，在这种情况下，即使供应商选择延迟其交货时间也不会影响到系统的零部件配齐时间。由此，根据命

题 1 可以得到当 N 个供应商同时选择供货时间时的纳什均衡决策。

**命题2** N 个供应商的最优供货时间决策（纳什均衡解）满足条件：（1）在 1 对 1 供货中最晚供货的供应商（不妨令该供应商为 $m$，其 1 对 1 供货时间为 $T_m^1$）依然选择交货时间 $T_m^1$ 交货，$T_m^1$ 满足条件 $\dfrac{F(T_m^1)}{F(T_m^1 + L_m)} = \dfrac{h_m}{h_m + \beta_m}$；（2）其他供应商参考 $T_m^1$，根据命题 1 来调整各自的供货时间；（3）$T_m^1$ 成为系统的零部件配齐时间 $B$。

**证明：** 对于每一个供应商来说，如果能够使其在 N 对 1 供应下的成本与在 1 对 1 供应下的成本保持一致，最为理想。而要实现这一目标，必须同时满足两个条件：首先，该供应商在 N 对 1 模式下的供货时间和 1 对 1 供货时间相同。其次，该供应商是系统中最晚交货的供应商。根据引理 1 找到每个供应商在 1 对 1 供应下的供货时间 $T_i^1 (i = 1, 2, 3, \cdots, n)$，不妨令供应商 $m$ 的供货时间 $T_m^1$ 为其中最晚的交货时间 $T_m^1 > (T_1^1, T_2^1, \cdots, T_{m-1}^1, T_{m+1}^1, \cdots, T_n^1)$。对于供应商 $m$ 而言，如果他仍然能够选择 $T_m^1$ 作为其在 $n$ 对 1 供应模式下的供货时间，就必须保证 $T_m^1$ 是系统中的最晚交货时间。

因为 $T_m^1 > T_i^1$，一定存在 $\dfrac{F(T_m^1)}{F(T_m^1 + L_i)} > \dfrac{F(T_i^1)}{F(T_i^1 + L_i)} = \dfrac{h_i}{h_i + \beta_i}$（$i = 1, 2, \cdots, m - 1, m + 1, \cdots, n$）。将 $T_m^1$ 看做 $B_{n-i}$，根据命题 1 可知，供应商 $i$ 的供货时间 $T_i$ 一定早于 $T_m^1$（$T_i < T_m^1, i \neq m$），这样也就保证了 $T_m^1$ 成为系统中最晚的供货时间 $B$，从而每个供应商都确定了在均衡状态下的最优供货时间。证毕。

至此，我们找到了多个供应商在相互影响下的最优供货时间。可以看到，相比供应商在 1 对 1 模式下的供货时间，每一个供应商都选择延迟供货。这可以理解为，在装配系统中，任何一个供应商的延迟供货都会导致其他完成供货的供应商的库存成本增加。基于这样的考虑，供应商会主动选择延迟其交货时间以降低库存持有成本。下面将研究重点转到制造商的库存分担策略，分别根据相同的库存承担时限和不同的库存承担时间两种模式找到对于制造商而言最有利的选择。

### 4.4.2 制造商决策

作为装配系统中的主方，制造商能够通过对供应商设定库存承担时限 $L_i$ 来调节供应商的供货时间。当 $L_i = 0$ 时，可以想象所有的供应商都会选择在第一时间交货，从而将库存持有成本全部转移到制造商身上。而当 $L_{i(i=1, 2, \cdots, n)} = \infty$ 时，则代表着制造商只有在所有零部件配齐并且需求到达的时候才会付款给供应商，这即是在就近供货模式中所普遍使用的 VMI 策略。因此，本节将找到对于制造商而言最优的库存承担时限，从而验证供货 VMI 模式的优劣性。为全面分析，考虑两种情况：（1）制造商必须对所有供应商设定相同的库存承担时限，即 $L = L_1 = L_2 = \cdots = L_n$；（2）制造商能够针对不同的供应商设定不同的库存承担时限 $L_i$。在不同模式下制造商的最优库存承担时间将通过 2 个不同的遍历算法取得。首先给出制造商的成本表达式：

$$C_m = C_h + C_\beta - C_b$$

其中，$C_h$ 代表制造商的库存持有成本，$C_\beta$ 代表由于系统延迟供货制造商受到的损失，$C_b$ 代表供应商延迟供货时制造商能够得到的补偿（对供应商的惩罚）。具体表示为：

$$C_h = \begin{cases} \sum\limits_{i}^{n} \int_{T_i}^{B} (B - (T_i + L_i)) \mathrm{d}F(a) + \int_{B}^{\infty} (a - (T_i + L_i)) \mathrm{d}F(a), & T_i + L_i \leqslant B \\ \sum\limits_{i}^{n} \int_{T_i + L_i}^{\infty} (a - (T_i + L_i)) \mathrm{d}F(a), & T_i + L_i > B \end{cases} \quad (4\text{-}8)$$

$$C_\beta = \beta \int_{0}^{B} (B - a) \mathrm{d}F(a) \quad (4\text{-}9)$$

$$C_b = \sum_{i}^{n} \beta_i \int_{0}^{T_i} (T_i - a) \mathrm{d}F(a) \quad (4\text{-}10)$$

### 4.4.2.1 库存承担时限相同

当制造商给所有供应商设定相同的库存承担时限 $L$，根据命题 2，系统中最后一个完成供货的将是供应商 $n$。这是因为在 1 对 1 供货中，存在 $\dfrac{h_n}{h_n + \beta_n} > \dfrac{h_i}{h_i + \beta_i}$（$i = 1, 2, \cdots, n - 1$）且 $\dfrac{F(T_i^l)}{F(T_i^l + L)} = \dfrac{h_i}{h_i + \beta_i}$（$i = 1, 2, \cdots, n$），因此有 $T_n^l > (T_1^l, T_2^l, \cdots, T_{n-1}^l)$。由此可知，系统的零部件配齐时间为 $T_n^l$。但是，其他供应商的供货时间却无法直接获得。这是由于根据命题 1，所有的供应商都需要参考 $T_n^l$ 来调整供货时间，并存在多重的判断条件，因此也就无法通过传统的数学证明来找到制造商最优的库存承担时限。下面，将通过遍历算法（sequential algorithm）获取制造商的最优库存承担时限 $L$。

在传统的遍历算法中，一般会将决策变量（即本书中的制造商库存承担时限 $L$）作为指针进行遍历。其基本思路是：通过对比每一个承担时限下制造商的成本，找到使制造商成本最低的库存承担时限。但是本书的两个遍历算法都会将系统的最晚供货时间 $B$ 而不是库存承担时限 $L$ 作为指针。一方面，这是由于 $B$ 和 $L$ 存在着一一对应的关系，选择其中任何一个作为指针都不会对结果造成影响。更为重要的，$L$ 的取值范围为 $[0, \infty]$，而 $B$ 仅为 $\left[0, F^{-1}\left(\dfrac{h_n}{h_n + \beta_n}\right)\right]$。因此选择 $B$ 作为指针，能够大大节省计算的时间和复杂度。下面给出遍历算法 1 的具体步骤。

遍历算法 1：

第一步，相关参数设定。给定市场需求（假定满足均匀分布，均值为 $\mu$）。供应

商的库存持有成本系数 $h_i$ 和惩罚成本系数 $\beta_i$ 。制造商的延迟供货惩罚系数 $\beta$ 满足
条件：$\dfrac{h_1}{\beta_1} < \dfrac{h_2}{\beta_2} < \cdots < \dfrac{h_n}{\beta_n}$ 以及 $\beta > \beta_i$ 。

第二步，获取系统中最晚交货供应商的供货时间 $B$ 的变动范围。具体的获取方
法为：(1)假定制造商选择的库存承担时限为 $L = \infty$ ，得到供应商 $n$ 在 1 对 1 供应模
式下的最晚交货时间 $B = T_n^1 = F^{-1}\left(\dfrac{h_n}{h_n + \beta_n}\right)$ 。(2)假定制造商选择的库存承担时限为
$L = 0$ ，得到供应商 $n$ 在 1 对 1 供应模式下的最早交货时间 $B = 0$ 。(3)确定 $B$ 每一次
变动的幅度(波长 =1)，变动范围为 $[0, T_n^1]$ 。

第三步，求解库存承担时限 $L$ 。根据命题 2，库存承担时限与系统最晚供货时间
一一对应：$\dfrac{F(B)}{F(B + L)} = \dfrac{h_n}{h_n + \beta_n}$ 。因此，一旦确定 $B$ ，就可以求得相应的制造商的库
存承担时限。

第四步，根据库存承担时限 $L$ 和 $B$ 求解其他所有供应商的供货时间 $T_i$ 。具体参
照命题 1 逐个判断。

第五步，计算制造商成本。$C_m = C_h + C_\beta - C_b$ 。参照式(4-6)、式(4-7)、式(4-
8)。

第六步，判定此时的 $B$ 是否已经成为系统所能够取到的最晚供货时间上限 $T_n^1$ 。
是，结束遍历；否，$B = B + 1$ 回到第二步。

第七步，输出最优解 $L$ 。将遍历得到的全部制造商成本 $C_M$ 进行比较，得到最低
的 $\min(C_M)$ 以及相对应的库存承担时限 $L$ 与 $T_i$ 。

相同库存承担时限下的制造商决策相对简单，下面将针对不同的库存承担时限问
题展开分析。

### 4.4.2.2 库存承担时限不同

在这一模式下，制造商拥有了更大的权力，能够针对不同的供应商设定不同的库
存承担时限。可以想象，相比于模式 1，在该模式下制造商的期望成本会降低(上一
种模式可以看做这种模式的特例)。首先给出命题 3 作为随后提出算法的重要依据。

**命题 3** (1)当系统中的最晚供货时间 $B$ 确定时，对于制造商最好情况是其余所
有供应商所选择的供货时间 $T_i$ 越晚越好，并且满足条件 $T_i \leqslant B(i = 1, 2, \cdots, n)$ ；
(2)供应商 $n$ 仍然将是系统中最后供货的供应商。

**证明：**(1)利用式(4-10)，当 $B$ 确定时，$C_\beta$ 维持不变。对制造商成本求得关于每
一个 $T_i$ 的偏导数，可以得到：

$$\frac{\partial C_m}{\partial T_i} = \frac{\partial C_h}{\partial T_i} + \frac{\partial C_\beta}{\partial T_i} - \frac{\partial C_b}{\partial T_i}$$

其中：$\dfrac{\partial C_\beta}{\partial T_i} = 0 \qquad \dfrac{\partial C_b}{\partial T_i} = \beta_i F(T_i) > 0$

$$\frac{\partial C_h}{\partial T_i} = \begin{cases} -\left(B - (T_i + L_i)\right)f(T_i) - \left(1 + \frac{\partial L_i}{\partial T_i}\right)\left[1 - F(T_i)\right] < 0, T_i + L_i \leq B \\ -\left(1 + \frac{\partial L_i}{\partial T_i}\right)\left[1 - F(T_i + L_i)\right] < 0, \ T_i + L_i > B \end{cases}$$

从而可知当系统的零部件配齐时间 $B$ 确定时，$\frac{\partial C_m}{\partial T_i} < 0$（$i = 1,2,\cdots,n$）。供应商交货越晚，制造商成本越低。

（2）假定供应商 $m$ 的供货时间 $T_m$ 被确认为系统中最晚的供货时间 $B$（$m \neq n$），根据命题2，一定存在 $\frac{F(B)}{F(B + L_m)} = \frac{h_m}{h_m + \beta_m}$（$T_m = B$）。从上一部分的证明可知，当最晚供货时间确定时，制造商希望其他供应商的供货时间越晚越好。对于供应商 $n$，由于有 $\frac{h_n}{h_n + \beta_n} > \frac{h_m}{h_m + \beta_m}$，一定可以找到一个 $L_n \leq L_m$ 使得 $\frac{F(B)}{F(B + L_n)} = \frac{h_n}{h_n + \beta_n}$，使得供应商 $n$ 的供货时间满足条件 $T_n = B$（命题1）。因此也就保证供应商 $n$ 始终都会是系统中最晚交货的供应商中的一个。证毕。

由于制造商在这一模式下的最优库存承担时限无法直接求得，因此依然选择遍历算法来获得。下面根据命题1、命题2和命题3给出制造商在不同的供应商库存承担时限下的遍历算法。

遍历算法2：

第一步，相关参数设定。给定市场需求（假定满足均匀分布，均值为 $\mu$）。供应商的库存持有成本系数 $h_i$ 和惩罚成本系数 $\beta_i$。制造商的延迟供货惩罚系数 $\beta$。满足条件：$\frac{h_1}{\beta_1} < \frac{h_2}{\beta_2} < \cdots < \frac{h_n}{\beta_n}$ 以及 $\beta > \beta_i$。

第二步，将 $B$ 作为遍历算法中的指针，获得其可能的变动范围。根据命题3，供应商 $n$ 依然是最晚供货的一个。因此，获取方法为：（1）假定制造商设定的库存承担时限为 $L = \infty$，得到供应商 $n$ 在1对1供应模式下的最晚交货时间 $T_n^1 = F^{-1}\left(\frac{h_n}{h_n + \beta_n}\right)$，得到 $B = T_n^1$。（2）假定 $L = 0$，得到最晚供货时间的下限 $B = 0$。（3）确定 $B$ 每一次变动的幅度（波长 $= 1$），变动范围为 $[0, T_n^1]$。

第三步，依照命题1，对每一个供应商 $i$ 进行判定：如果 $B \leq F^{-1}\left(\frac{h_i}{h_i + \beta_i}\right)$，则该供应商的供货时间 $T_i = B$；如果 $B > F^{-1}\left(\frac{h_i}{h_i + \beta_i}\right)$，则该供应商的供货时间满足条件 $(h_i + \beta_i)F(T_i) - h_i - h_i f(T_i)(B - T_i) = 0$，从而得到所有供应商的供货时间。

第四步，计算制造商成本。$C_m = C_h + C_\beta - C_b$。参照式（4-6）、式（4-7）、式（4-8）。

第五步，判定：此时的 $B$ 是否已经成为系统所能够取到的最晚供货时间上限

$F^{-1}\left(\dfrac{h_n}{h_n+\beta_n}\right)$。是,结束遍历;否,$B=B+1$,回到第二步。

第六步,输出最优解 $L$。将遍历得到的全部制造商成本 $C_m$ 进行比较,得到最低的 $\min(C_m)$ 以及相对应的库存承担时限 $L$ 与 $T_i$。

与算法 1 类似的是,算法 2 中系统最晚的交货时间上限 $F^{-1}\left(\dfrac{h_n}{h_n+\beta_n}\right)$ 保持不变。这是因为即使制造商有权利改变不同供应商的库存承担时限,供应商 $n$ 依然会是最晚交货的供应商。但是与算法 1 相比,算法 2 最大的区别是在第三步中对于每个供应商供货时间的判定。判定依据来源于命题 3,即制造商一定会尽量延长对供应商的库存承担时限以延迟供应商的供货时间。至此,针对两种不同的库存承担时限设置,分别找到了对于制造商而言最佳的库存分担策略。下面将通过一系列的算例模拟来进一步对比供应商、制造商和供应链的绩效表现。

## 4.5 算例分析

本节将通过算例分析解决以下两个主要问题:(1)供应商供货不同步的影响效果分析。这可以通过对比独立供货模式和多供应商供货模式而得到。(2)不同库存转移时限的优化效果分析。这可以通过对比在装配系统中分别采取 VMI 模式、相同库存转移时限模式和不同库存转移时限模式得到。首先给出算例分析的基本数据。不失一般性,令市场需求时间满足均匀分布 $U(0,180)$。选择 10 个供应商,并假定所有供应商的惩罚成本相同均为 $\beta_i=35$,而制造商延迟供货惩罚成本为 $\beta=500$。供应商持有成本 $h_i$ 不同,并且平均分布在 $[X,Y]$ 区间段上。令 $X+Y=110$ 保持不变,这代表零部件的总持有成本不变 $H=\sum_i^{10}h_i$,但是 $Y-X$ 可以变化。可以想象当 $Y-X$ 越大时,供应商之间的区别越大。另外,为对比 N 对 1 供货模式与 1 对 1 供货模式,假设在 1 对 1 供应模式存在着一个整体供应商,其库存持有成本为 $H$,惩罚成本为 $\beta^*=\sum_i^{10}\beta_i$。而在 N 对 1 供货中制造商会选择对不同供应商设定相同的库存承担时限。两种供货模式均为主从博弈模型,其各自的最优选择参照 4.3 节与 4.4 节。采用 Matlab 7.0 软件可以在较短时间内完成计算。

### 4.5.1 单供应商 VS 多供应商

制造商在 N 对 1 和 1 对 1 模式下的期望成本与库存承担时限如表 4-2 与图 4-3 所示。

表 4-2                       制造商在 N 对 1 和 1 对 1 供应下的最小成本

| 模式 | 库存承担时限 | 库存成本 | 延迟成本 | 延迟补偿 | 总成本 |
|---|---|---|---|---|---|
| 单供应商—单制造商 | 115.08 | 107.68 | 5766.3 | 4305.5 | 1568.48 |
| 多供应商—单制造商 | 69.02 | 2934.4 | 7831.1 | 2701 | 8064.5 |

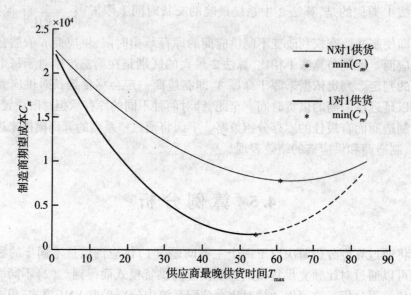

图 4-3　制造商最优库存承担时限 $T_{\max}(L)$

根据表 4-2 和图 4-3 得出以下结论:

(1)制造商在 N 对 1 供货模式下的总成本要远高于 1 对 1 供货( $C_m^N = 5.14 C_m^1$ )。这表明供应商之间不同步的供货会给制造商带来巨大损失,单纯通过调节库存承担时限无法有效降低制造商的期望成本。

(2)从图中可以看到制造商在 N 对 1 模式下的库存转移时限(69.02)反而要小于其在 1 对 1 模式下的库存转移时限(115.08)。这表明随着供应商数量的增多,制造商采取的库存承担时限越短。这可以解释为,在 N 对 1 模式下制造商选择的库存承担时限越大,供应商交货时间的不同步性越大,出现延迟供货的可能性越大。因此,制造商只能采取缩短库存承担时限的方式来压缩供应商之间的供货间隔。

供应商在 N 对 1 和 1 对 1 模式下的供货时间与期望成本见表 4-3 与图 4-4。

表 4-3                                 供应商成本变化比较

| 供应商 | 1 | 2 | 3 | 4 | 5 | 6 | 7 | 8 | 9 | 10 |
|---|---|---|---|---|---|---|---|---|---|---|
| 1 对 1: | 55.795 | 166.17 | 274.07 | 378.83 | 480.1 | 577.71 | 671.61 | 761.87 | 848.55 | 931.81 |
| N 对 1: | 64.941 | 187.59 | 301.81 | 408.79 | 509.52 | 604.83 | 695.38 | 781.75 | 864.43 | 943.81 |
| $C_s^1 / C_s^N$ | 85.92% | 88.58% | 90.81% | 92.67% | 94.23% | 95.52% | 96.58% | 97.46% | 98.16% | 98.73% |

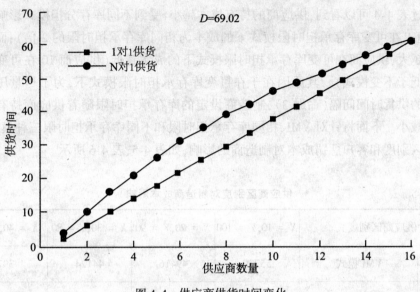

图 4-4  供应商供货时间变化

根据图 4-4 和表 4-3 可得出以下结论：

(1)图 4-4 中,在 N 对 1 供货模式下,除了最后一个供应商,其他所有的供应商都延迟了自身在 1 对 1 供货下的供货时间。这可以解释为:由于在 N 对 1 系统中,制造商的实际装配时间变为 $\max(\max(T_i), a)(i = 1, 2, \cdots, n)$。相比于 1 对 1 模式下的装配时间 $\max(T_i, a)$ 更晚,从而给供应商带来的库存持有成本更高。因此,供应商们为了降低持有成本都选择延长供货时间。

(2)如表 4-3 所示,在 N 对 1 供货下,随着供应商单位持有成本 $h_i$ 的增大,其成本增大比例逐步减小。这表明供应商持有成本 $h_i$ 越大,受到其他供应商影响的程度越小。反之则影响越大。这可以解释为: $h_i / \beta_i$ 越大的供应商,其在 N 对 1 模式下的供货时间变化越小,从而其成本变化越小。

### 4.5.2  相同库存承担时限 VS 不同库存承担时限

本节将分析不同的库存分担策略对于供应商、制造商和供应链整体绩效的影响。首先分析不同的库存分担策略对于供应商的影响,如表 4-4 所示。

表 4-4                                         两种模式下供应商成本变化

| 供应商 | 1 | 2 | 3 | 4 | 5 | 6 | 7 | 8 | 9 | 10 |
|---|---|---|---|---|---|---|---|---|---|---|
| 承担时限相同 $L$ | 35.7 | 35.7 | 35.7 | 35.7 | 35.7 | 35.7 | 35.7 | 35.7 | 35.7 | 35.7 |
| 成本 $C_i$ | 311.5 | 602.7 | 873.8 | 1124.6 | 1442.6 | 1630.0 | 1796.0 | 1945.0 | 2080.3 | 2204.5 |
| 承担时限不同 $L_i$ | 129.6 | 106.1 | 92.5 | 83.7 | 67.9 | 56.6 | 48.5 | 42.4 | 37.7 | 34.0 |
| 成本 $C_i$ | 713.4 | 1156.3 | 1457.3 | 1680.0 | 1839.9 | 1946.6 | 2022.9 | 2080.0 | 2124.5 | 2160.1 |

注: $X = 20, Y = 110$,因此供应商持有成本 $h_i$ 依次为 20,30,40,50,60,70,80,90,100,110。

通过表 4-4 可以看到,供应商的持有成本越小,受到不同库存分担模式影响的越大(供应商 1 在可变库存承担时限模式下的成本为相同库存承担时限的 2 倍);而库存持有成本越大,供应商在可变库存承担时限模式下的成本越低(供应商 10 在可变模式下的成本低于不变模式)。其原因在于在可变库存承担时限模式下,为了尽量压缩供应商之间的供货时间间隔(命题 3),制造商设定的库存承担时限随着供应商持有成本的增大而减小。下面将针对 VMI、相同库存承担时限和不同库存承担时限三种模式,研究供应商区别度和客户惩罚成本对制造商的影响,如表 4-5、表 4-6 所示。

表 4-5 　　　　　　　　　　　供应商区别度对制造商成本影响

| | 供应商区别度 | $X = 10, Y = 100$ | $X = 20, Y = 90$ | $X = 30, Y = 80$ | $X = 40, Y = 70$ |
|---|---|---|---|---|---|
| 制造商成本 | VMI 模式 | 55730 | 49416 | 44124 | 39708 |
| | 库存承担时限相同 | 16976 | 14696 | 10831 | 7900.7 |
| | 库存承担时限不同 | 7081.8 | 6931 | 5347.7 | 4804.3 |

表 4-6 　　　　　　　　　　　客户惩罚力度对制造商成本影响

| | 客户惩罚成本 | $\beta = 400$ | $\beta = 500$ | $\beta = 600$ | $\beta = 700$ |
|---|---|---|---|---|---|
| 制造商成本 | VMI 模式 | 50791 | 55730 | 60668 | 65606 |
| | 库存承担时限相同 | 11402 | 16976 | 17465 | 19826 |
| | 库存承担时限不同 | 3356 | 7081.8 | 8655 | 10754 |

注:$X = 20, Y = 110$,因此供应商持有成本 $h_i$ 依次为 20,30,40,50,60,70,80,90,100,110。

制造商的成本会受到 2 个因素的影响:(1)供应商之间的区别度。根据之前的假设,用 $Y - X$ 来表示。(2)客户的惩罚系数 $\beta$。通过表 4-5、表 4-6 可以看到,相比与 VMI 模式,制造商能够通过库存分担策略大幅降低期望成本,尤其是当供应商区别度和客户惩罚力度增大的时候。这也就证明了传统的 VMI 模式无法有效帮助制造商降低其期望成本。在表 4-2 中,当供应商之间的区别度下降时,两种不同的库存承担模式对于制造商成本的影响在变小,这意味着当供应商之间比较接近时,针对不同供应商设置不同的库存承担时限的作用在降低(供应商的供货时间决策相对接近)。对于制造商而言,不同的库存承担时限无疑最为有利,下面将针对供应链在不同库存分担策略下的成本展开讨论,如表4-7、表4-8所示。

表4-7　　　　　　　　　　两种库存分担模式下的供应链绩效

| 供应商区别度 | | $X = 10, Y = 100$ | $X = 20, Y = 90$ | $X = 30, Y = 80$ | $X = 40, Y = 70$ |
|---|---|---|---|---|---|
| 供应链效率 | $\Omega_0/\Omega_1$ | 76.1% | 78.3% | 84.6% | 90.5% |
| | $\Omega_0/\Omega_2$ | 97.1% | 94.8% | 99.7% | 99.9% |

注:客户惩罚成本 $\beta = 500$。

表4-8　　　　两种库存分担模式下制造商成本占供应链总成本比例

| 供应商区别度 | | $X = 10, Y = 100$ | $X = 20, Y = 90$ | $X = 30, Y = 80$ | $X = 40, Y = 70$ |
|---|---|---|---|---|---|
| 制造商成本占比 | $C_m/\Omega_1$ | 54.8% | 48.8% | 38.9% | 30.3% |
| | $C_m/\Omega_2$ | 29.2% | 27.9% | 22.7% | 20.3% |

注:客户惩罚成本 $\beta = 500$。

　　最后来观察供应链的整体绩效,令 $\Omega_0$ 代表供应链集中决策下的成本,$\Omega_1$ 代表系统相同库存承担时限下的成本,$\Omega_2$ 代表不同库存承担时限下供应链的成本。一方面,从表4-7中可以看到,不同库存承担时限模式下的供应链效率更高,这是由于制造商能够通过库存承担时间,使供应商的供货时间尽量靠近,从而降低了无谓的库存持有成本。另一方面,当供应商之间的区别度在降低时,无论哪种模式,供应链的效率都在提高,这表明当供应商的区别度越低,其作出的供货时间差距越小,供货同步性越高,从而系统的效率更高。在表4-8中,可以看到随着制造商在总供应链成本中占比的降低,系统的供应链效率在提升。这表明无论对于供应链还是制造商而言,不同的库存承担时限都是一个更好的选择。此外,当系统中参与者的实力对比越悬殊(制造商的实力增大),对于供应链的整体绩效而言更好;当参与者双方实力越接近,供应链可能会由于参与者之间的争夺而降低效率。

## 4.6　本 章 小 结

　　VMI 一直被认为是一种能够有效降低制造商成本的管理手段,从而被广泛地应用于实践。尽管很多研究学者也曾指出 VMI 会在一定程度上伤害到供应商以及供应链的整体利益,但是尚未有研究表明该方式会对制造商的收益带来负面影响。基于此,本章主要研究了在就近供货模式中制造商应该采取怎样的库存分担策略以优化其个体乃至于供应链整体的利益。考虑三种不同的库存分担策略方式:传统的 VMI 模式、给所有供应商设定一个相同的库存承担时限、针对不同供应商设定不同的库存承担时限。针对这三种不同的库存分担策略,本章分别建立起单供应商对当制造商和多供应商对单制造商的准时供货模型，以期验证不同的库存分担策略对于不同的供应链组织结构的影响效应，以及多供应商供货不同步性对于供应链整体绩效所带来的负面效果。具体研究结果包括：

（1）传统的 VMI 模式会对装配系统中的每一个参与者（供应商和制造商）以及供应链整体带来损失。损失主要来源于以下两个方面：①采取 VMI 会导致每一个供应商选择延迟交货的方式来降低由于提前供货所带来的库存持有成本；②装配系统中的供应商交互影响作用会进一步加剧供应商们的延迟交货比例，从而降低系统整体对于下游订单的服务水平。基于此，尽管制造商能够通过 VMI 完全消失其库存持有成本，但是供应商延迟的供货时间会加剧其延迟供货的惩罚成本，从而降低其收益。

（2）制造商能够通过采取设定库存承担时限的方式来有效提高自身及供应链整体的收益。该方式的基本原则在于制造商通过加快零部件库存的转移，来调节每一个供应商的供货时间决策。具体来看，当供应商的库存持有成本越高，制造商应该相应的设定越短的库存转移时限，从而提高这类供应商的供货速度。与之相反，当供应商的库存持有成本偏低时，制造商应该适当延长其对应的库存转移时限，从而延缓这类供应商的交货时间。

（3）相比采取相同的库存承担时限的方式，在装配系统中，制造商更应该针对不同的供应商设置不同的库存承担时限。这是由于，当系统中供应商的差异性逐步增大时，采取相同的库存承担时限已经无法有效降低制造商和系统整体的库存水平。而采取不同的库存承担时限时，制造商可以将供应链整体运作效率保持在一个很高的水准。

综上所述，本章的研究仍然存在着一定的局限性：（1）仅仅考虑了市场需求时间的不确定因素。（2）供应商只能被动接受制造商所设定的运作规则。但是在现实中，供应商供货时间无法确定是一个相当普遍的现象。而且随着系统容量（供应商数量）的不断增加，这一问题会变得更加明显。因此，下文将探讨制造商应该如何采取不同的资金结算方式来降低由于供应商供货时间不确定所造成的影响。

# 5 基于多重资金结算方式的协同供应模型研究

在装配系统中，时间不确定因素可以分为两类：末端需求时间的不确定和前段供应时间的不确定。之前的两章研究了当市场需求时间不确定时，如何通过供应商横向信息共享和制造商库存成本分担的方式来优化系统的绩效。但是，相较于单一的需求时间不确定因素，供应商供货时间的不确定因素会随着供应商数量和差异性的增大而逐步放大，从而更严重地影响到系统的运作。基于此，本章将进一步讨论当系统中每一个供应商的供货时间均不确定且相互独立时，制造商又应该如何优化自身和系统的运作绩效。具体来看，本章考虑制造商能够采取两种不同的资金结算方式（Kwon 等，2010）：及时付款和延迟付款，来调节供应链成员的最优决策。首先建立供应时间不确定环境下的两供应商对单制造商准时供货博弈模型，分别针对及时付款模式和延迟付款模式，找到供应商与制造商最优的生产时间和交货时间决策，通过对比找到不同的付款方式所适用的供应链环境，并提出实现供应链协同运作的必要条件。最后将两供应商系统扩展到 N 供应商系统，从而提高研究结论的应用价值。

## 5.1 问题产生背景

鉴于装配系统自身的复杂运作机制，一个始终存在的挑战是如何保证系统中每个节点企业都能够协调同步地运作。协调的难度主要存在于两点：一是系统中存在着的众多随机性因素（Gerchak 等，2007；Güler & Bilgic，2008；Xiao 等，2009），比如供应商供货时间的不确定会导致其经常出现供货延迟或者中断的情况。二是系统中参与主体的目标不一致，供应商和制造商都只会以自身利益最大化为目标来进行决策，而不去考虑系统的整体利益。可以想象，以上这两点因素都会对系统的运作绩效带来负面影响，并且其效果会随着供应商数量和差异性的增加而变得更加明显。在这样的供应链环境中，供应商和制造商都会采取相应的措施来最大化保护自身的利益。对于制造商而言，为了分担由于任何一个供应商的延迟供货而导致整个系统无法生产的风险，他往往会要求必须等到所有的零部件配送齐全后才与供应商进行结算。相应的，这种付款方式可以称为延迟付款模式。比如，波音公司在生产最新机型 787 时，就要求每一个组件供应商只有在所有的零部件配齐之后才能获得其相应的销售款项。在汽车行业中，由于涉及数十个甚至上百个的零部件供应商，几乎所有的整车厂都要求对供应商采取下线计算的方式：只有当生产所需零部件配齐后，制造商才会将零部件从主装配仓库中提取出来，并支付给供应商采购金额。同样是担心会受到其他供应商延迟供货的影响，供应商则更希望将零部件送至制造商处就能够获得相应的销售金额。可以称这类付款方式为及时付款模式。相应的现实例子包括：Apple 或 Intel 这类强势的供应商往往要求与之合作的下游客户必须提前支付足够的定金，并且要求在完成订货后马上收到相应的销售金额。

这两种不同的资金流结算方式在现实中有着广泛的应用，但是对它们之间的比较却较少得到研究学者的关注。Kwon 等（2010）曾探讨过这两种不同的结算方式对于一个两供应商单制造商系统的影响，他们假设两个供应商的供货时间满足同一种分布函数，而这一点很显然不满足本章的研究环境：装配系统中的每一个供应商的供货时间均独立且不确定。可以想象，结算方式的选择主要是基于供应链中核心企业的利益考虑；而一旦确立，则有可能会损害到其他供应链成员的利益，并有可能影响到供应链的整体利益。本章假定制造商将作为系统中的主导者来选择最有利于自身的资金结算方式。通过模型研究的方式来验证在当前广泛采用的延迟付款模式是否制造商最优的资金结算方式选择；如果不是，制造商又应该在怎样的条件下选择及时付款模式。具体而言，本章将依次回答以下几个问题：（1）在这两种不同的资金结算方式下，供应商应该如何选择相应的零部件生产时间？制造商应该如何选择其最优的零部件需求时间？（2）对于制造商而言，在不同的条件下应该采取哪一种资金结算方式？（3）不同资金结算方式对于供应链整体绩效的影响以及实现系统协同运作的必要条件是什么？（4）当装配系统中存在 N 个供应商时，系统内各个参与者的最优决策是什么？下面首先给出针对以上问题的基础模型假设。

## 5.2　模型建立与描述

考虑一个由两供应商和单制造商构成的装配系统（将在 5.6 节扩展到 N 供应商模型）。假定最终产品只有 2 个部件构成并且分别由两个供应商按照 1：1 的比例配送。每个零部件的生产时间 $t_i$ 均不确定但是符合一定的概率分布函数 $F_i(x)$ 和概率密度函数 $f_i(x)$（$i = 1, 2$）。每个零部件的成本为 $C_i$。在一个单周期的环境下，客户订单会提前到来，包括具体的需求数量 $Q$ 和需求时间 $T$。制造商据此来安排采购、生产与装配。在采购过程中，制造商会提前给每个供应商设定一个相同的零部件要货时间 $T_0$。可以想象，制造商选择的要货时间 $T_0$ 只能早于或者等于订单的需求时间 $T$，而本章将二者之间的差距称之为缓冲期 $D = T - T_0$。供应商需要根据制造商的要货时间来安排自己的生产开工时间 $B_i$。令 $l_i$ 代表供应商的生产提前期：$l_i = T_0 - B_i$。如果提前完成生产（$l_i > t_i$），供应商不能提前交货且必须独自承担从完成之日到交货时间 $T_0$ 内所有的持货成本，单位时间成本为 $h_i$。如果延迟交货（$l_i < t_i$），供应商则会受到制造商的惩罚，单位时间成本为 $\beta_i$。其中，持货成本 $h_i$ 由两部分组成（赵晓波和黄

四民，2008），一是占用资金的机会成本（单位时间成本为 $I$），二是货物管理成本（单位时间成本为 $I'$）。为便于比较，本书假定制造商和供应商的资金成本和管理成本相同。这一假设对于不同结算方式下的供应链比较相当重要。可以想象，如果不同（假定供应商持货成本小于制造商），最优的供应链模式一定会是延迟付款。因此，$h_i = C_i(I + I')$。当制造商的交货时间晚于 $T$，同样会受到来自于客户的延迟交货惩罚，单位时间惩罚成本为 $\beta$。为不失一般性，假定 $\beta_i > h_i$，这代表供应商延迟交货的惩罚一定大于提前完工的持货成本。$\beta > \max(\beta_i)$ 代表客户对于制造商的惩罚一定大于制造商对任何一个供应商的惩罚。为便于讨论，假定制造商的装配时间为0。模型示意图如图 5-1 所示，相关参数设定如表 5-1 所示。

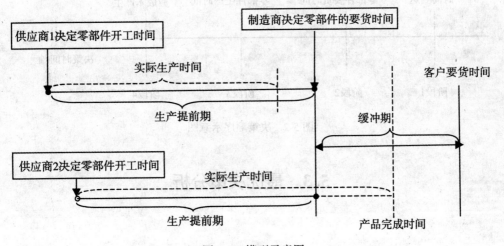

图 5-1　模型示意图

表 5-1　模型参数设定

| 参数 | 说　明 |
|---|---|
| $T$ | 客户订单需求时间 |
| $T_0$ | 制造商零部件要货时间 |
| $D$ | 制造商缓冲期设置，$D = T - T_0$ |
| $B_i$ | 供应商的零部件生产开工时间，$i = 1, 2, \cdots, n$ |
| $l_i$ | 供应商生产提前期设置 $l_i = T_0 - B_i$，$i = 1, 2, \cdots, n$ |
| $h_i$ | 零部件 $i$ 的单位时间库存持有成本，$i = 1, 2, \cdots, n$ |
| $\beta_i$ | 零部件 $i$ 的单位时间库存惩罚成本，$i = 1, 2, \cdots, n$ |
| $\beta$ | 客户对于制造商延迟供货的惩罚成本 |
| $F_i(x)$ 与 $f_i(x)$ | 零部件 $i$ 生产时间的分布函数与概率密度函数，$i = 1, 2, \cdots, n$ |

　　系统的决策过程如图 5-2 所示：（1）客户订单的需求时间提前到达；（2）根据需求时间，制造商据此选择对于供应商的零部件要货时间；（3）根据制造商的要货时间，每一个供应商同时选择其零部件的生产时间；（4）零部件完成供货后，相关成本产生。可以看到，与第 4 章的模型类似，整个决策过程可以看做以制造商为主方、供应商为从方的主从博弈模型。与此同时，供应商之间则存在着纳什博弈的问题。假定供应链成员均为风险中性且以成本最小化为目标，所有信息均能够得到共享。下面先从及时付款模式展开分析。

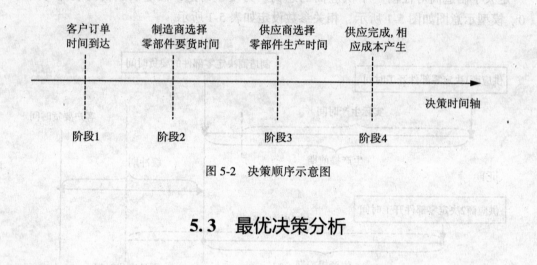

图 5-2　决策顺序示意图

## 5.3　最优决策分析

### 5.3.1　及时付款模式

　　在及时付款方式下，供应商一旦交货，制造商必须支付供应商相应的收益。当然，供应商交货时间不能早于制造商的要货时间。

　　由于不存在其他供应商的影响，供应商 $i$（$i = 1$，2，下同）的成本函数相对简单：

$$C_i^1 = \beta_i E\left[(t_i + B_i) - T_0\right]^+ + h_i E\left[T_0 - (t_i + B_i)\right]^+$$
$$= \beta_i E(t_i - l_i)^+ + h_i E(l_i - t_i)^+ \tag{5-1}$$

$(t_i + B_i)$ 代表零部件的完成时间。为便于计算，令 $l_i = T_0 - B_i$，代表供应商设定的生产提前期，即根据制造商的要货时间 $T_0$，供应商需要预留多长的生产时间。相当明显，供应商成本是关于 $l_i$ 的凸函数，最优的生产提前期满足条件：

$$\frac{\partial C_i^1}{\partial l_i^1} = (h_i + \beta_i)F_i(l_i^1) - \beta_i = 0 \tag{5-2}$$

　　这是一个典型的报童模型，供应商的最优时间决策需要平衡提前交货的库存持有成本和延迟交货的惩罚成本。库存持有成本 $h_i$ 越大，供应商设置的生产提前期越短；制造商的惩罚成本 $\beta_i$ 越大，生产提前期越长。由于成本只受到自身因素的影响，在及时付款模式下供应商的决策相对简单。而制造商的决策则需要同时考虑所有的供应商和客户对其造成的影响。

在及时付款模式下，制造商的期望成本满足条件：

$$C_m^1 = \beta E\big[\max(t_1 - l_1, \ t_2 - l_2) - D^1\big]^+ + \sum_{i, j=1; \ i \neq j}^{2} h_i E\{\max(t_j - l_j, \ D^1) - $$

$$\max(t_i - l_i, \ 0)]\}^+ - \sum_{i=1}^{2} \beta_i E\,(t_i - l_i)^+ \tag{5-3}$$

与供应商的处理方法类似，令 $D = T - T_0 \geqslant 0$ 代表制造商设定的缓冲期，即根据客户的要货时间 $T$，制造商需要提前多久向供应商提出要货计划 $T_0$。在式(5-3)中，第一项代表制造商延迟交货的惩罚成本，第二项表示由于供应商交货时间的不同步给制造商带来的库存持有成本，第三项表示由于供应商延迟交货，制造商获得的补偿。

**引理 1** 制造商的期望成本是关于缓冲期 $D$ 的凸函数，最优的缓冲期设置满足条件：

$$F_1(l_1 + D^1) F_2(l_2 + D^1) = \frac{\beta}{(h_1 + h_2 + \beta)} \tag{5-4}$$

**证明**：将式(5-3)展开可得 $C_M = \beta A + \sum_{i=1}^{2} h_i B_i - C$，其中 $A$ 和 $B_i$ 均与 $D$ 相关，而与 $C$ 无关。

$$A = \int_{l_1+D}^{\infty} \int_{0}^{t_1-l_1+l_2} (t_1 - l_1 - D)f_1(t_1)f_2(t_2)\,\mathrm{d}t_2\mathrm{d}t_1 + \int_{l_2+D}^{\infty} \int_{0}^{t_2-l_2+l_1} (t_2 - l_2 - D)f_1(t_1)f_2(t_2)\,\mathrm{d}t_1\mathrm{d}t_2$$

$$B_i = \int_{0}^{l_i} \int_{0}^{l_j+D} Df_i(t_i)f_j(t_j)\,\mathrm{d}t_j\mathrm{d}t_i + \int_{0}^{l_i} \int_{l_j+D}^{\infty} (t_j - l_j)f_i(t_i)f_j(t_j)\,\mathrm{d}t_j\mathrm{d}t_i + \int_{l_i}^{l_i+D} \int_{0}^{l_j+D} \big[D - (t_i - l_i)\big]$$

$$f_i(t_i)f_j(t_j)\,\mathrm{d}t_j\mathrm{d}t_i + \int_{l_j+D}^{\infty} \int_{l_i}^{t_j-l_j+l_i} \big[(t_j - l_j) - (t_i - l_i)\big]f_i(t_i)f_j(t_j)\,\mathrm{d}t_j\mathrm{d}t_i$$

$$i, j = 1, 2, i \neq j$$

$$C = \beta_1 \int_{l_1}^{\infty} (t_1 - l_1)f_1(t_1)\,\mathrm{d}t_1 + \beta_2 \int_{l_2}^{\infty} (t_2 - l_2)f_2(t_2)\,\mathrm{d}t_2 \tag{5-5}$$

通过对式(5-5)求导，可以得到：

$$\frac{\mathrm{d}C_M}{\mathrm{d}D} = -\beta\big[1 - F_1(l_1 + D)F_2(l_2 + D)\big] + (h_1 + h_2)F_1(l_1 + D)F_2(l_2 + D)$$

$$\frac{\mathrm{d}^2 C_M}{\mathrm{d}D^2} = (\beta + h_1 + h_2)f_1(l_1 + D)f_2(l_2 + D) > 0 \tag{5-6}$$

当 $D = 0$ 时，$\dfrac{\mathrm{d}C_M}{\mathrm{d}D} < 0$；当 $D = \infty$ 时，$\dfrac{\mathrm{d}C_M}{\mathrm{d}D} > 0$。因此必然存在合适的 $D^1$ 使得

$$\frac{dC_M}{dD} = 0 \text{。 证毕。}$$

根据引理 1 的结论可以得到，制造商的缓冲期 $D$ 长度与供应商的提前期 $l_i$ 长度成反比。这可以解释为制造商设置缓冲期的主要目的在于防止由于供应商的延迟供货而导致最终交货时间晚于客户要求。而供应商设置的提前期越长，出现延迟交货的概率越低。相应的，制造商可以选择更短的缓冲期。至此，我们找到了供应链双方在及时付款模式下的最优选择。下面对延迟付款模式进行分析。

### 5.3.2　延迟付款模式

在这种模式下，制造商只有等 2 个供应商均完成零部件的供应之后，才会支付相应的金额。对于供应商而言，如果提前完成生产，他不仅需要持有库存到制造商要货时间 $T_0$ 的到来，还必须等待另外一个供应商完成供货。因此，单个供应商的成本会受到另外一个供应商交货时间的影响，从而二者之间的决策可以看做一个静态纳什博弈模型。

在延迟付款模式下，供应商 $i$ 的成本函数满足条件：

$$C_i^2 = \beta_i E\big[(t_i + B_i) - T_0\big]^+ + h_i E\big[\max(t_j + B_j, T_0) - (t_i + B_i)\big]^+$$
$$= \beta_i E(t_i - l_i)^+ + h_i E\big[\max(t_j - l_j, 0) - (t_i - l_i)\big]^+ \tag{5-7}$$

和式(5-1)相比，可以看到在相同的生产提前期下，供应商的持有成本会增大，而延迟交货成本则保持不变。

**引理 2**　供应商 $i$ 的期望成本为其生产期 $l_i$ 的凸函数，最优生产期时间 $l_i^2$ 满足条件：

$$\beta_i F(l_i^2) + h_i F_i(l_i^2) F_j(l_j) + h_i \int_{l_j}^{\infty} \int_0^{t_j - l_j + l_i^2} f_i(t_i) f_j(t_j) \, dt_i dt_j - \beta_i = 0 \tag{5-8}$$

**证明**：将式(5-7)的成本函数展开，可以得到：

$$C_i = h_i \left\{ \int_0^{l_i}\int_0^{l_j} (l_i - t_i) f_i(t_i) f_j(t_j) \, dt_i dt_j + \int_{l_j}^{\infty} \int_0^{t_j - l_j + l_i} \big[(t_j - l_j) - (t_i - l_i)\big] f_i(t_i) f_j(t_j) \, dt_i dt_j \right\}$$
$$+ \beta_i \int_{l_i}^{\infty} (t_i - l_i) f_i(t_i) \, dt_i$$

第一项表示供应商 $i$ 的库存持有成本，由两部分组成：(1) 两个供应商均提前完成零部件生产任务（$t_i < l_i$，$t_j < l_j$）；(2) 无论供应商 $i$ 是否按时完成，供应商 $j$ 延迟交货并且其交货时间晚于供应商 $i$（$t_j > l_j$，$t_j - l_j > t_i - l_i$）。第二项表示供应商 $i$ 延迟交货所需要承担的惩罚成本，这个只与其自身交货时间相关。对该式分别求生产期 $l_i$ 的一阶、二阶偏导数：

$$\frac{\partial C_i}{\partial l_i} = \beta_i F(l_i) + h_i F_i(l_i) F_j(l_j) + h_i \int_{l_j}^{\infty} \int_0^{l_i + t_j - l_j} f_i(t_i) f_j(t_j) \, dt_i dt_j - \beta_i$$

$$\frac{\partial^2 C_i}{\partial l_i^2} = h_i f_i(l_i) F_j(l_j) + h_i \int_{l_j}^{\infty} f_i(t_j - l_j + l_i) f_j(t_j) \mathrm{d}t_j + \beta_i f_i(l_i)$$

易知 $\frac{\partial^2 C_i}{\partial l_i^2} > 0$，供应商成本是关于生产期 $l_i$ 的凸函数。对于式（5-7），当 $l_i = 0$ 时，

可得 $h_i \int_{l_j}^{\infty} \int_0^{t_j - l_j} f_i(t_i) f_j(t_j) \mathrm{d}t_i \mathrm{d}t_j - \beta_i < h_i - \beta_i < 0$。

当 $l_i = +\infty$，式（5-7）等于 $h_i F_j(l_j) + h_i \int_{l_j}^{\infty} \int_0^{\infty} f_i(t_i) f_j(t_j) \mathrm{d}t_i \mathrm{d}t_j > 0$。由此得到必然存在 $l_i$

使式（5-7）为 0。证毕。

**引理 3**　在供应商各自的生产期决策中（$D(l_1, l_2)$），存在唯一的纳什均衡解 $D(l_1^*, l_2^*)$。

**证明**：根据各个供应商的最优生产期决策，令：$N_1(l_1, l_2) = \frac{\partial C_1^2}{\partial l_1}$ 和 $N_2(l_1, l_2) = \frac{\partial C_2^2}{\partial l_2}$。

分别求偏导可得：

$$\frac{\partial N_1(l_1, l_2)}{\partial l_1} = h_1 f_1(l_1) F_2(l_2) + h_1 \int_{l_2}^{\infty} f_1(t_2 - l_2 + l_1) f_2(t_2) \mathrm{d}t_2 + \beta_1 f_1(l_1)$$

$$\frac{\partial N_2(l_1, l_2)}{\partial l_1} = -h_2 \int_{l_1}^{\infty} f_2(l_2 + t_1 - l_1) f_1(t_1) \mathrm{d}t_1$$

$$\frac{\partial N_1(l_1, l_2)}{\partial l_1} - \frac{\partial N_2(l_1, l_2)}{\partial l_1} = h_1 \int_{l_2}^{\infty} f_1(t_2 - l_2 + l_1) f_2(t_2) \mathrm{d}t_2 + \beta_1 f_1(l_1) +$$

$$h_2 \int_{l_1}^{\infty} f_2(l_2 + t_1 - l_1) f_1(t_1) \mathrm{d}t_1 > 0$$

由该式可以得知两个供应商的最优成本曲线最多只能相交一次。同样，根据 Friedman（1986）的研究，在与本书类似的两个凸函数的静态博弈模型中，必然存在着纳什均衡解。因此，可以得到在两个供应商的生产期决策中有且只有唯一的一个纳什均衡解。证毕。

根据引理 2 与引理 3，得到在延迟付款模式下，供应商之间有且仅有唯一的最优供货时间选择。与及时付款模式一样，供应商的生产期随着自身的库存持有成本 $h_i$ 的增大而缩短，随着库存惩罚成本 $\beta_i$ 的增大而延长。但不同的是，在延迟付款下，供应商的生产期长度会与其他供应商的生产期长度成正比：存在 $\frac{\partial N_1(l_1, l_2)}{\partial l_1} > 0$ 且

$\frac{\partial N_1(l_1, l_2)}{\partial l_2} = -h_1 \int_{l_2}^{\infty} f_1(l_1 + t_2 - l_2) f_2(t_2) \mathrm{d}t_2 < 0$。这一点可以解释为：如果其他供应商选择的生产预留期越长，代表着他们出现延迟供货的可能性越小。那么对于供应商 $i$ 而

言，由其他供应商延迟交货所带来的库存持有成本也会降低，进而导致供应商 $i$ 选择更长的生产预留时间。下面对制造商在延迟付款下的决策进行分析。

在延迟付款模式下，制造商只需要等到供应商的零部件均供应完成后才付款，其成本函数为：

$$
\begin{aligned}
C_M^2 &= \beta E\big[\max(t_1 + B_1, t_2 + B_2) - T\big]^+ + (h_1 + h_2) E\{T - \max(t_1 + B_1, t_2 + B_2, T_0)\}^+ \\
&\quad - \sum_{i=1}^{2} \beta_i E\,(t_i + B_i - T_0)^+ \\
&= \beta E\big[\max(t_1 - l_1, t_2 - l_2) - D\big]^+ + (h_1 + h_2) E\big[D - \max(t_1 - l_1, t_2 - l_2, 0)\big]^+ \\
&\quad - \sum_{i=1}^{2} \beta_i E\,(t_i - l_i)^+
\end{aligned} \tag{5-9}
$$

第一项表示当任意供应商的延迟交货时间超过制造商设置的缓冲期时，制造商需要承担的客户惩罚。第二项表示当 2 个供应商都在客户要求到货时间 $T$ 之前交货时，制造商需要承担的库存持有成本。第三项表示如果供应商延迟交货，制造能够获得的补偿。与制造商在及时付款模式下的成本对比，可以发现唯一的不同在于制造商的持有成本表达式（第二项）在相同的参数下会变小，而其他两项保持不变。

**引理 4** 制造商的期望成本为缓冲期 $D$ 的凸函数，最优的缓冲期 $D$ 满足条件：

$$
F_1(l_1 + D^2) F_2(l_2 + D^2) = \frac{\beta}{(h_1 + h_2 + \beta)} \tag{5-10}
$$

**证明**：和引理 1 的证明方式类似，将制造商在延迟付款模式下的成本函数（5-9）展开可得：$C_M^2 = \beta A + (h_1 + h_2) B - C$。其中 $A$ 和 $C$ 与引理 1 中的一致，而 $B$ 则变化为：

$$
\begin{aligned}
B &= \int_{l_1}^{l_1+D} \int_0^{t_1 - l_1 + l_2} (D - (t_1 - l_1)) f_1(t_1) f_2(t_2)\, \mathrm{d}t_2 \mathrm{d}t_1 + \\
&\quad \int_{l_2}^{l_2+D} \int_0^{t_2 - l_2 + l_1} (D - (t_2 - l_2)) f_1(t_1) f_2(t_2)\, \mathrm{d}t_1 \mathrm{d}t_2 + \int_0^{l_1} \int_0^{l_2} D f_1(t_1) f_2(t_2)\, \mathrm{d}t_1 \mathrm{d}t_2
\end{aligned}
$$

求一阶导数：

$$
\frac{\mathrm{d}C_m^2}{\mathrm{d}D} = \beta \frac{\mathrm{d}A}{\mathrm{d}D} + (h_1 + h_2) \frac{\mathrm{d}B}{\mathrm{d}D} + \frac{\mathrm{d}C}{\mathrm{d}D}
$$

$$
\Rightarrow \frac{\mathrm{d}C_m^2}{\mathrm{d}D} = -\beta \Bigg[ \int_{l_1+D}^{\infty} \int_0^{t_1 - l_1 + l_2} f_1(t_1) f_2(t_2)\, \mathrm{d}t_2 \mathrm{d}t_1 + \int_{l_2+D}^{\infty} \int_0^{t_2 - l_2 + l_1} f_1(t_1) f_2(t_2)\, \mathrm{d}t_1 \mathrm{d}t_2 \Bigg] +
$$

$$
(h_1 + h_2) \Bigg[ \int_{l_1}^{l_1+D} \int_0^{t_1 - l_1 + l_2} f_1(t_1) f_2(t_2)\, \mathrm{d}t_2 \mathrm{d}t_1 + \int_{l_2}^{l_2+D} \int_0^{t_2 - l_2 + l_1} f_1(t_1) f_2(t_2)\, \mathrm{d}t_2 \mathrm{d}t_1 +
$$

$$
\int_0^{l_1} \int_0^{l_2} f_1(t_1) f_2(t_2)\, \mathrm{d}t_2 \mathrm{d}t_1 \Bigg] + 0
$$

$$
\Rightarrow \frac{\mathrm{d}C_m^2}{\mathrm{d}D} = -\beta\big[1 - F_1(l_1 + D) F_2(l_2 + D)\big] + (h_1 + h_2) F_1(l_1 + D) F_2(l_2 + D)
$$

求二阶导数可得：

$$\frac{\mathrm{d}^2 C_m^2}{\mathrm{d}D^2} = (\beta + h_1 + h_2)f_1(l_1 + D)f_2(l_2 + > 0$$

从而可知，制造商的最优缓冲期 $D$ 必然使得 $\frac{\mathrm{d}C_m^2}{\mathrm{d}D} = 0$，即 $F_1(l_1 + D)F_2(l_2 + D) =$

$\frac{\beta}{(h_1 + h_2 + \beta)}$。证毕。

可以看到，无论是在及时付款和延迟付款模式下，制造商最优缓冲期的表达式保持一致。但是由于供应商的选择已经发生了变化，制造商的选择也会随之改变。下一节将集中讨论不同结算方式对于供应商和制造商的影响机制以及在不同条件下对于二者最优的结算方式选择。

## 5.4　结算模式对比

本节将分别针对供应商，制造商来讨论及时付款模式和延迟付款模式对各自的影响机制。对于供应商而言，根据 5.3 节的讨论，可以得到以下结论：

**命题 1**　（1）相比及时付款，供应商均会在延迟付款模式下推迟生产开工时间，即缩短生产提前期长度 $l_i$。从而对于制造商的准时供货率会降低。（2）无论在何种条件下，采取及时付款这种结算方式对于供应商来说都是更好的选择。

**证明：**（1）对比式（5-2）与式（5-8）：$\int_{l_j}^{\infty}\int_0^{t_j-l_j+l_i} f_j(t_j)\,\mathrm{d}t_i\mathrm{d}t_j > \iint_{l_j 0}^{\infty l_i} f_j(t_j)f_i(t_i)\,\mathrm{d}t_i\mathrm{d}t_j =$

$F_i(l_i)(1 - F_j(l_j))$，从而存在 $\beta_i F(l_i) + h_i F_i(l_i)F_j(l_j) + h_i\int_{l_j}^{\infty}\int_0^{t_j-l_j+l_i} f_i(t_i)f_j(t_j)\,\mathrm{d}t_i\mathrm{d}t_j - \beta >$

$\beta_i F(l_i) + h_i F_i(l_i) - \beta_i$。因此，必然存在及时付款模式下的生产提前期长度小于延迟付款模式下的生产提前期长度。而随着生产提前期的缩短，自然对于制造商的准时供货率会降低。（2）对于供应商的成本比较，根据式（5-1）和式（5-7），存在 $C_i^1(l_i) < C_i^2(l_i)$，即当供应商选择相同的生产提前期，在延迟付款模式下的成本更大。因此，有 $C_i^1(l_i^1) < C_i^1(l_i^2) < C_i^2(l_i^2)$，无论在何种条件下，及时付款对于供应商更为有利。证毕。

**算例分析：**假定零部件 1 与 2 的生产时间服从 $\lambda = 40$ 和 $\lambda = 70$ 的指数分布。$h_1 = 0.6$，$h_2 = 0.2$。$\beta_1 = 1.0$，$\beta_2 = 0.4$。以供应商 1 为例，考虑随着供应商 2 的生产期 $l_2$ 变化时（$l_2 = 30$，70，$+\infty$），供应商成本随其生产期增大的变化情况。为便于计算，生产的零部件数量为 1。当 $l_2 = +\infty$ 时，代表着供应商 2 的供货决策对于供应商 1 没有影响，这也可以看做供应商 1 在及时付款模式下的决策。通过图 5-3 可知，供应商 1 的生产提前期随着供应商生产提前期的增大而增大，而在及时付款模式下供应商 1 的成本最低，预留的生产提前期也最长。

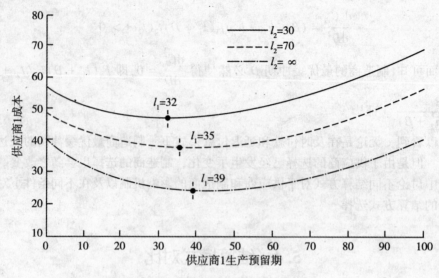

图 5-3　供应商成本与生产期关系图

由此可见，制造商采取延迟付款的方式，尽管能够降低其自身的库存持有成本，但是会导致所有的供应商都缩短生产预留时间，从而降低零部件的准时供货率。因此，下面讨论对于制造商而言，延迟付款是否其最优的选择。

**命题 2**　（1）相比于及时付款模式，制造商会在延迟付款模式下选择更长的缓冲期 $D$，而 $\min(\Delta l_1, \Delta l_2) < \Delta D < \max(\Delta l_1, \Delta l_2)$。

（2）延迟付款对于制造商而言并不总是最优的选择，在一定条件下，及时付款对于制造商来说更为有利。

**证明：**（1）令 $\Delta l_1 = l_1^1 - l_1^2$，$\Delta l_2 = l_2^1 - l_2^2$ 以及 $\Delta D = D^1 - D^2$。根据引理 1 和引理 4，可以得到 $F(l_1^1 + D)G(l_2^1 + D) = F(l_1^2 + D)G(l_2^2 + D)$。由于 $\Delta l_1 > 0$ 和 $\Delta l_2 > 0$（命题 1），则有 $D^2$ 恒大于 $D^1$，且 $\Delta D$ 位于（$\Delta l_1$，$\Delta l_2$）之间。这可以解释为，由于每一个供应商都会在延迟付款模式下压缩各自的生产提前期，降低了对于制造商的服务水平；制造商必须增大其缓冲期的长度，以保证对于客户的准时供货服务水平。

（2）至于不同结算模式下制造商的成本。根据 Kwon 等（2010）的研究，对于制造商而言一定存在某一范围使得及时付款优于延迟付款，但是他们假定制造商没有权利设定缓冲期。而与之不同的是，本书中制造商有权设置一个适当的缓冲期，这样他能够中和由于供应商延迟交货而带来的增大的客户惩罚成本的影响。由于制造商的成本表达式复杂，如果想进一步比较必须代入具体分布，然后根据引理 1、引理 2、引理 3、引理 4 求解出供应商与制造商在不同模式下的最优时间决策进行计算，因此在本节中不再作进一步的分析。尽管如此，仍然能够通过算例分析找到在一定条件下，及时付款模式下制造商的成本小于延迟付款下的成本，从而证明了对于制造商而言并不存在一种最优的结算模式。

**算例分析**：为便于计算，提出一种相对简单的条件以证明不存在唯一的最优结算方式。考虑两个供应商的生产时间均服从 0~1 分布。其中，供应商 1 的供货时间分别为 40 与 60，发生的概率分别为 0.7 与 0.3；供应商 2 的供货时间为 60 与 90，发生概率为 0.8 与 0.2。$(h_1, \beta_1) = (0.1, 0.25)$，$(h_2, \beta_2) = (0.3, 0.4)$。图 5-4 表示的是随着客户惩罚成本 $\beta$ 不断增大时，制造商的期望成本变化情况。

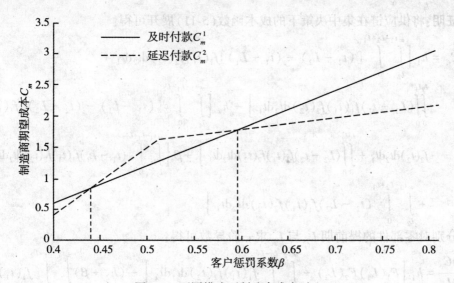

图 5-4　不同模式下制造商成本对比

可以看到，当客户惩罚成本 $\beta$ 位于 (0.43，0.59) 时，及时付款模式下制造商的成本更低，而在其他范围内延迟付款模式更佳。至此，本章已经讨论了不同结算模式对于供应商和制造商的影响机制，下面对结算方式对供应链整体影响机制展开分析。

## 5.5　协同运作机制

首先给出系统在集中决策下的最优选择作为标杆。令 $L_1$ 代表零部件 1 的全部生产预留期长度，它表示从零部件开始生产到客户要货的时间间隔，这和分散系统中的 $l_1 + D$ 概念相同。$L_2$ 同理。根据图 5-1 可知，系统的整体成本由 $(L_1, L_2)$ 唯一决定。系统的期望成本为：

$$C_C = h_1 \left[ \max(t_2 - L_2, 0) - (t_1 - L_1) \right]^+ + h_2 \left[ \max(t_1 - L_1, 0) - (t_2 - L_2) \right]^+ + \beta \left[ \max(t_2 - L_2, t_1 - L_1) \right]^+ \tag{5-11}$$

第一项代表零部件 1 的库存持有成本，第二项代表零部件 2 的库存持有成本，第三项代表当出现延迟交货时，客户对系统的惩罚。

**引理 5**　系统成本是关于零部件生产期 $(L_1, L_2)$ 的联合凸函数，零部件各自的最优生产期满足条件：

$$\frac{\partial C_c}{\partial L_i^*} = h_i \left[ F_i(L_i^*) F_j(L_j^*) + \int_{L_j^*}^{\infty} \int_0^{t_j - L_j^* + L_i^*} f_i(t_i) f_j(t_j) \, dt_i dt_j \right] - (h_j + \beta)$$

$$\int_{L_i^*}^{\infty} \int_0^{t_i - L_i^* + L_j^*} f_i(t_i) f_j(t_j) \, dt_i dt_j = 0 \qquad i,j = 1,2, i \neq j$$

**证明:** 将供应链在集中决策下的成本函数(5-11)展开可得:

$$C_c = h_1 \left[ \int_{L_2}^{\infty} \int_0^{t_2 - L_2 + L_1} [(t_2 - L_2) - (t_1 - L_1)] f_1(t_1) f_2(t_2) \, dt_2 dt_1 + \right.$$

$$\iint_{0 \ 0}^{L_2 L_1} (L_1 - t_1) f_1(t_1) f_2(t_2) \, dt_2 dt_1 \right] + h_2 \left[ \int_{L_1}^{\infty} \int_0^{t_1 - L_1 + L_2} [(t_1 - L_1) - (t_2 - L_2)] f_1(t_1) \right.$$

$$\left. f_2(t_2) \, dt_2 dt_1 + \iint_{0 \ 0}^{L_2 L_1} (L_2 - t_2) f_1(t_1) f_2(t_2) \, dt_2 dt_1 \right] + \beta \left[ \int_{L_1}^{\infty} \int_0^{t_1 - L_1 + L_2} (t_1 - L_1) f_1(t_1) f_2(t_2) \, dt_2 dt_1 \right.$$

$$\left. + \int_{L_2}^{\infty} \int_0^{t_2 - L_2 + L_1} (t_2 - L_2) f_1(t_1) f_2(t_2) \, dt_2 dt_1 \right]$$

分别对零部件的提前期 $L_1$ 与 $L_2$ 求一阶导数可得:

$$\frac{\partial C_c}{\partial L_1} = h_1 \left[ F_1(L_1) F_2(L_2) + \int_{L_2}^{\infty} \int_0^{t_2 - L_2 + L_1} f_1(t_1) f_2(t_2) \, dt_1 dt_2 \right] - (h_2 + \beta) \int_{L_1}^{\infty} \int_0^{t_1 - L_1 + L_2} f_1(t_1)$$

$$f_2(t_2) \, dt_1 dt_2$$

$$\frac{\partial C_c}{\partial L_2} = h_2 \left[ F_1(L_1) F_2(L_2) + \int_{L_1}^{\infty} \int_0^{t_1 - L_1 + L_2} f_1(t_1) f_2(t_2) \, dt_1 dt_2 \right] - (h_1 + \beta) \int_{L_2}^{\infty} \int_0^{t_2 - L_2 + L_1} f_1(t_1)$$

$$f_2(t_2) \, dt_1 dt_2$$

由于存在 2 个决策变量,需要进一步求得关于 $(L_1, L_2)$ 的海赛尔矩阵:

$$\frac{\partial^2 C_c}{\partial L_1^2} = h_1 \left[ f_1(L_1) F_2(L_2) + \int_{L_2}^{\infty} f_1(t_2 - L_2 + L_1) f_2(t_2) \, dt_2 \right] + (h_2 + \beta) \left[ \int_0^{L_2} f_1(L_1) f_2(t_2) \, dt_2 \right.$$

$$\left. + \int_{L_1}^{\infty} f_2(t_1 - L_1 + L_2) f_1(t_1) \, dt_1 \right]$$

$$= (h_1 + h_2 + \beta) \left[ f_1(L_1) F_2(L_2) + \int_{L_2}^{\infty} f_1(t_2 - L_2 + L_1) f_2(t_2) \, dt_2 \right] > 0 \qquad (5\text{-}12)$$

同理可得:

$$\frac{\partial^2 C_c}{\partial L_2^2} = (h_1 + h_2 + \beta)(F_1(L_1) f_2(L_2) + \int_{L_1}^{\infty} f_2(t_1 - L_1 + L_2) f_1(t_1) \, dt_1) > 0 \qquad (5\text{-}13)$$

利用代换可知,存在 $\int_{L_2}^{\infty} f_1(t_2 - L_2 + L_1) f_2(t_2) \, dt_2 = \int_{L_1}^{\infty} f_2(t_1 - L_1 + L_2) f_1(t_1) \, dt_1$ ,从而

可得：

$$\frac{\partial^2 C_c}{\partial L_1 \partial L_2} = \frac{\partial^2 C_c}{\partial L_2 \partial L_1} = A(h_1 + h_2 + \beta) \tag{5-14}$$

$$A = \int_{L_2}^{\infty} f_1(t_2 - L_2 + L_1)f_2(t_2)\,\mathrm{d}t_2 = \int_{L_1}^{\infty} f_2(t_1 - L_1 + L_2)f_1(t_1)\,\mathrm{d}t_1$$

根据式(5-12)、式(5-13)和式(5-14)，存在 $\frac{\partial^2 C_c}{\partial L_1^2} \times \frac{\partial^2 C_c}{\partial L_2^2} - \frac{\partial^2 C_c}{\partial L_1 \partial L_2} \times \frac{\partial^2 C_c}{\partial L_2 \partial L_1} > 0$，海赛尔矩阵恒正定。因此，供应链成本是关于零部件生产期($L_1$，$L_2$)的联合凸函数。

**命题 3** 无论是集中决策或分散决策，延迟付款或及时付款，制造商、供应商或供应链整体进行最优决策的基本原则是平衡不同条件下所可能产生库存持有成本与延迟惩罚成本。

**证明：** 将不同情况下的供应商生产提前期分成以下几下部分，如图5-5所示。易知 $\Omega_1 + \Omega_2 + \Omega_3 = 1$，$\Omega_1^1 + \Omega_1^2 + \Omega_1^3 = \Omega_1$。对应引理5，以零部件1为例，当生产提前期 $L_1$ 处在区间 ($\Omega_1$，$\Omega_2$) 时会产生自身的持有成本，而当其生产提前期处在区间 $\Omega_3$ 时，不仅会导致其受到客户的惩罚，还会导致零部件2产生持有成本。由于是集中决策，需要考虑所有成本，所以零部件1的生产提前期 $L_1^*$ 满足条件 $\partial C_c/\partial L_1^* = h_1(\Omega_1 + \Omega_2) - (h_2 + \beta)\Omega_3 = 0$。零部件2同理。对应引理2，同样以零部件1为例，最优的生产提前期 $l_1^*$ 满足条件 $\mathrm{d}C_1/\mathrm{d}l_1 = h_1(\Omega_1^1 + \Omega_1^2) - \beta_1[1 - F_1(l_1)] = 0$。由于是分散决策，供应商1

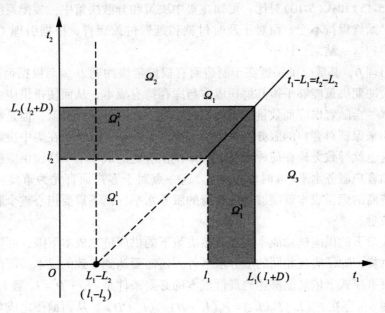

注：$\Omega_1$: $t_1 < L_1 \&\& t_2 < L_2$；$\Omega_2$: $t_2 - L_2 > t_1 - L_1 \&\& t_2 > L_2$；$\Omega_3$: $t_2 - L_2 < t_1 - L_1 \&\& t_1 > L_1$

$\Omega_1^1$: $t_1 < l_1 \&\& t_2 < l_2$；$\Omega_1^2$: $t_2 - l_2 > t_1 - l_1 \&\& t_2 > l_2$；$\Omega_1^3$: $t_2 - l_2 < t_1 - l_1 \&\& t_1 > l_1$

图5-5 提前期临界线分布图

不需要考虑对于供应商 2 的影响,其自身持有成本产生的条件是在区间 $(\Omega_1^1, \Omega_1^2)$ ,而惩罚成本产生条件为 $P(t_1 > l_1)$ 。对应引理 2 和引理 4,制造商的最优缓冲期决策同样也是平衡其可能产生的惩罚成本与持有成本,即 $\frac{\partial C_m}{\partial D} = (h_1 + h_2)\Omega_1 - \beta[1 - \Omega_1]$ 。证毕。

命题 3 不仅解释了供应链各个主体在进行决策时的基本原则,而且同样适用于当供应商数量由 2 个扩展到 N 个时的装配系统运作准则。而针对这一内容,将在 5.6 节做进一步的讨论。下面探讨如何提高分散系统下的供应链整体绩效以实现协同运作。

**引理 6** 供应链对于客户的准时供货率在集中决策或分散决策下均保持不变。

**证明**:准时供货率代表零部件供应时间早于客户要货时间的概率:$P(B_i + t_i < T)_{i=1,2}$ 。根据命题 4,存在 $\frac{\partial C_c}{\partial L_1} = h_1(\Omega_1 + \Omega_2) - (h_2 + \beta)\Omega_3$ 且 $\frac{\partial C_c}{\partial L_2} = h_1(\Omega_1 + \Omega_3) - (h_2 + \beta)\Omega_2$ 。由此可得:

$$\frac{\partial C_c}{\partial L_1} + \frac{\partial C_c}{\partial L_2} = (h_1 + h_2)\Omega_1 - \beta(\Omega_2 + \Omega_3) = 0 \Rightarrow (h_1 + h_2)\Omega_1 - \beta(1 - \Omega_1) = 0$$

$$\Rightarrow \Omega_1 = \frac{\beta}{h_1 + h_2 + \beta} \Rightarrow F_1(L_1)F_2(L_2) = \frac{\beta}{h_1 + h_2 + \beta}$$

$$(5-15)$$

将式(5-15)和式(5-10)对比,可知在集中决策和分散决策中,装配系统对于客户的服务水平始终保持不变。而对于及时付款和延迟付款而言,根据引理 1 和引理 4,同样可以得到这一结果。证毕。

对于引理 6,其成立的关键在于制造商有权设定缓冲期 $D$ 。而根据命题 4,制造商的最优缓冲期决策能够平衡其惩罚成本与库存持有成本,从而使得供应商对于制造商的服务水平会随着供应商数量的增多或者结算方式的不同而降低,但是制造商总会通过缓冲期来保证对客户的服务水平维持不变。在这一点,系统在集中决策时同样也是如此。这也就导致无论在何种情况下,即使供应链的成本不一样,供应链仍然能够保持同样的客户服务水平(准时供货率)。这一点对于客户而言尤为重要:他只需要确定对制造商的惩罚成本就能够保证自身的服务水平,而不需要担心整个装配系统的参与企业数量。

集中决策下的供应链总成本是在分散决策下的供应链总成本下限,而要实现供应链的协同供货,除了实现相同的服务水平外,还需要达到一致的成本。而保证装配系统在分散决策模式下依然能够达到最低成本的必要条件是:$l_1 + D = L_1$ 且 $l_2 + D = L_2$ 。而根据引理 6,存在 $F_1(L_1)F_2(L_2) = F_1(l_1 + D)F_2(l_2 + D)$ 。从而欲使之成立,只需要满足条件:

$$l_1 - l_2 = L_1 - L_2 \tag{5-16}$$

在集中决策下,$L_1 - L_2$ 由库存持有成本 $h_i$ 与客户惩罚系数 $\beta$ 决定。而在分散决策中，$l_1 - l_2$ 由库存持有成本 $h_i$ 与制造商惩罚系数 $\beta_i$ 唯一确认，不与 $\beta$ 联系。由于在本书中，没有对制造商对供应商的惩罚系数进行任何限制，这也就说明，一定存在合理的 $(\beta_i, \beta_2)$ 令 $l_1 - l_2 = L_1 - L_2$ 成立，从而使供应链在分散决策下，无论是在及时付款模式抑或是延迟付款模式下，通过调节 $(\beta_i, \beta_2)$ 都能够达到最低的期望成本。

**算例分析：**如表 5-2 所示，零部件 1 与 2 的生产时间依然服从着 $\lambda = 40$ 和 $\lambda = 70$ 的指数分布。$h_1 = 0.6$，$h_2 = 0.2$，$\beta = 1.6$。选择三组不同的制造商对供应商惩罚系数 $(\beta_1, \beta_2)$，讨论在延迟付款方式下，供应链在分散决策和集中决策下的总体成本与服务水平。设定惩罚系数 $(\beta_1, \beta_2)$，使得 $l_1 - l_2$ 不断逼近于 $L_1 - L_2$，供应链整体成本会不断降低，直到等于集中决策下的成本。

表 5-2                    供应链集中决策与分散决策对比表

| 延迟供货惩罚成本<br>(制造商—供应商) | $(\beta_1, \beta_2) \sim$<br>$(0.6, 1.3)$ | | $(\beta_1, \beta_2) \sim$<br>$(1.1, 0.8)$ | | $(\beta_1, \beta_2) \sim$<br>$(1.5, 0.3)$ | |
|---|---|---|---|---|---|---|
| 运作模式 | 分散决策 | 集中决策 | 分散决策 | 集中决策 | 分散决策 | 集中决策 |
| 库存持有成本 | 40.239 | 40.352 | 40.195 | 40.352 | 49.613 | 40.352 |
| 产品缺货成本 | 26.444 | 26.331 | 29.169 | 26.331 | 33.728 | 26.331 |
| 系统总成本 | 66.683 | 66.683 | 69.365 | 66.683 | 83.341 | 66.683 |
| $\|L_1 - L_2\|$ | 113 | 113 | 70 | 113 | 14 | 113 |

（ $\beta = 1.6$ 对应表格左侧"库存持有成本/产品缺货成本/系统总成本"行）

## 5.6 多供应商系统

本节将模型延伸到 $n$ 个供应商系统，从而考虑在更加复杂环境下（存在 $n$ 个独立且随机分布的供应时间）制造商和供应商的最优决策。模型基本假设保持一致，令 $\sum_{i=1}^{n} h_i = H$。首先分析该供应链系统在集中模式下的最优决策，其次找到制造商和供应商在不同的资金结算方式下的最优博弈决策。

### 5.6.1 集中决策

对于供应链整体而言，和 5.5 节相似，其成本由两部分组成：零部件的库存持有成本和系统延迟供货的惩罚成本：

$$C_C = \sum_{i=1}^{n} h_i \left[ \max(t_j - L_j, 0) - (t_i - L_1) \right]^+ + \beta \left[ \max(t_i - L_i) \right]^+$$

$$i \neq j, \ i, j = 1, 2, 3, \cdots, n \quad (5\text{-}17)$$

从式(5-17)可见，系统的成本由零部件的生产提前期唯一决定。而根据命题4所揭示的原理，可以得到以下结论。

**引理7** 在多供应商系统中，每一个供应商最优的生产提前期满足条件 $\partial C_C / \partial l_i = 0$，即：

$$\beta + H - h_i = (H + \beta) \left[ \prod_i^n F_i(L_i) + \sum_{j=1, j \neq i}^n \int_{L_j}^{\infty} \prod_{m=1, m \neq j}^n F_m(t_j - L_j + L_m) \mathrm{d}t_j \right] \quad (5-18)$$

**证明：** 依然采取命题4的结论，系统最优的生产提前期决策一定能够平衡提前供货的零部件持有成本和延迟供货的惩罚成本。因此，首先考虑零部件持有成本产生的条件，即满足条件 $\Omega_i$：

$$\Omega_i = P \left\{ \max_i (t_i - L_i) < 0 \right\} + P \left\{ (t_i - L_i) < \max_{j, j \neq i} (t_j - L_j) \&\& \max_{j, j \neq i} (t_j - L_j) > 0 \right\}$$

$$(5-19)$$

如式(5-19)所示，零部件 $i$ 会产生持有成本必须满足以下两种条件中的任何一个：(1) 当所有零部件提前完成供货时；(2) 当系统出现延迟供货且零部件 $i$ 早于系统最晚的供货时间。另外，只有当零部件 $i$ 成为系统中最后一个完成供货且晚于客户订单时间时，才会导致其他供应商的持有成本 ($H - h_i$) 和系统的延迟供货成本 ($\beta$)。因此，其相应的存在条件是 $1 - \Omega_i$。由此可知，实现系统最优的零部件供应时间比如满足条件：$(\beta + H - h_i) \times (1 - \Omega_i) = h_i \times \Omega_i$。证毕。

通过引理7可以找到装配系统在存在 $n$ 个供应商且各自供应时间均不确定环境下的最优决策。下面针对两种不同的资金结算方式，分析存在供应商和制造商博弈时的系统决策。假定所有供应商会同时选择生产提前期决策。

### 5.6.2 分散决策

首先分析及时付款模式。显而易见，在该付款模式，供应商最优的生产提前期决策与其在单独供应模式下的最优选择相同，即 $\partial C_i / \partial l_i = (h_i + \beta_i) F_i(l_i) - \beta_i = 0$。这可以解释为，一旦完成供货，供应商就能够获得相应的销售收入，从而不会受到其他供应商的影响。相应的，如果供应商的生产提前期能够确定，制造商只需要设定最合适的缓冲期来平衡自身的延迟供货成本和库存持有成本。根据命题3，最优的缓冲期为：$\prod_i^n F_i(L_i + D) = \dfrac{\beta}{H + \beta}$。由此可见，供应商数量的增加对于在及时付款模式下供应商和制造商的最优决策影响不大。这是因为选择该结算模式就已经割裂了供应商直接的交互关系。下面重点分析在延迟付款模式下系统参与者的最优决策。

针对延迟付款的环境，供应商的库存持有成本会受到其他供应商的影响。同样是遵循命题3的基本原则，供应商 $i$ 最优的生产提前期决策能够平衡他的库存持有成本和延迟供货惩罚成本。因此，$l_i$ 满足条件：

$$\frac{C_i}{l_i} = h_i \Big[ \prod_i^n F_i(L_i) + \sum_{j=1, j\neq i}^n \int_{L_j}^{\infty} \prod_{m=1, m\neq j}^n F_m(t_j - L_j + L_m)\,\mathrm{d}t_j \Big] - \beta_i \big(1 - \prod_i^n F_i(L_i)\big) = 0$$

$$(5\text{-}20)$$

与引理 7 的研究类似,对于供应商 $i$ 来说,库存持有成本产生的条件和引理 7 一致,即:所有供应商均提前完成供货,或者出现延迟供货但供应商 $i$ 并不是最晚交货的那一个。但是,值得注意的是,与集中决策不同的地方在于,此时供应商 $i$ 的惩罚成本的产生条件发生了变化,即只要供应商交货时间晚于制造商的要货时间,惩罚成本就会产生:$P(t_i > l_i)$。对于制造商而言,他的缓冲期选择仍然满足条件:$\prod_i^n F_i(L_i + D) = \frac{\beta}{H + \beta}$。至此我们找到了当装配系统中存在 $n$ 个供应商时,系统在集中决策和分散决策模式下的最优选择。下面分析供应商数量增加对于系统绩效的影响。

**命题 4** 当装配系统中的供应商数量增加时:(1)供应商会选择压缩其生产提前期的长度;(2)系统的服务水平保持不变。

**证明:**(1)通过式(5-20)可以清楚地看到,无论 $\sum_{j=1, j\neq i}^n \int_{L_j}^{\infty} \prod_{m=1, m\neq j}^n F_m(t_j - L_j + L_m)$ 或者 $\prod_i^n F_i(L_i)$ 都会随着 $n$ 的增大而减小。因此,伴随着系统中供应商数量的增大,单个供应商会选择压缩其生产提前期。

(2)由于制造商能够设置缓冲期来保证对于系统的服务水平,无论在哪种结算模式下,系统的准时供货率满足条件 $\prod_i^n F_i(L_i + D) = \frac{\beta}{H + \beta}$。证毕。

命题 4 可以解释为以下两点:第一,对于单个供应商而言,装配系统中供应商数量的增加,代表着其他供应商出现延迟供货的可能性增大。因此,其库存持有成本也会相应提高,从而导致其选择压缩其生产提前期的长度以降低成本。第二,对于制造商而言,由于他有权设置需求缓冲期。因此,当供应商数量增多时,尽管每一供应商均压缩了各自的提前期,但是制造商同时也会选择延长其缓冲期来降低出现延迟供货的情况。值得注意的是,在现实运作中,由于客户的订单等待时间并不可能太长,制造商设定的缓冲期必然存在某一个上限。但是在本章中,这一限定并不影响缓冲期的作用和设定的分析。

## 5.7　本章小结

如何实现在复杂环境下装配系统的协同运作一直都是现实运作和学术研究的难点问题,尤其是在所有供应商的供货时间均无法确定的情况下。针对这一客观存在的问题,在现实中,制造商往往选择延迟付款的方式,即所有零部件均完成供应,来规避由于供应商供货时间不统一和供货不同步所带来的风险。相应的，供应商则采取及时付款的方式来消除这一风险。本章针对这两种在现实中得到广泛应用的资金结算方式对于装配系统的影响做了详尽的研究，分别考虑在这两种不同的结算模式下，供应商最优的生产提前期设置和制造商最优的需求缓冲期设置。在此基础上，找到了对于不同供应链成员而言，在一定条件下最有利的资金结算方式。与此同时，验证了不同资金结算方式对于供应链系统绩效的影响机制，并将结果扩展到 $n$ 个供应商系统。具体而言，本章的研究结果包括：

（1）相比延迟付款模式，在及时付款模式下供应商选择的生产提前期更长，从而对于制造商的准时供货水平会更高。这是因为在延迟付款模式中，其他供应商的供货时间会对供应商的成本产生影响，从而提高其零部件库存持有成本。因此，供应商会选择压缩其生产提前期。两相比较，对于供应商而言，及时付款永远是最好的选择。

（2）制造商会根据供应商设置的生产提前期来调整其需求缓冲期的设置，其结果会导致装配系统对于客户的准时供货率维持在一个稳定的状态，因此不会随着供应商数量的增加或者差异性的增大而变化。另外，对于制造商而言，并不存在一种更为有利的资金结算方式。换句话说，延迟付款并不一定永远是更有利于制造商的选择。这一点与现实运作和传统理解较为不同。这是由于，尽管制造商能够采取缓冲期的方式来消除延迟付款模式下供应商延迟供货所带来的负面影响，但是由于供应商供货时间的差距可能会很大，制造商无法通过设定一个统一的缓冲期来消除供应商供货不同步的影响，从而使得及时付款在一定条件下可能会成为制造商和供应商的共同选择。

（3）对于供应链系统而言，无论制造商选择采取哪一种资金结算方式均有可能实现系统的协同运作。而这一点完全取决于制造商对于供应商延迟供货的惩罚成本的设置。在两种结算方式中，装配系统对于客户响应度保持一致，且与系统在集中决策模式下的结果相同。这依然归功于制造商能够通过采取需求缓冲期来平衡提前供货成本和延迟供货成本。

值得注意的是，以上结论即使扩展到 N 供应商系统仍然适用，这也从侧面说了研究结果对于企业实践的适用性。但是，本章的研究依然存在着一定的局限性，即假定在装配系统中的主导者为制造商，而所有的供应商必须接受制造商所提出的各种运作规则（在第 3 章和第 4 章亦是如此）。基于此，下一章将探讨当系统中存在着更为强势的供应商时，装配系统中各个参与者的决策变化和实现系统协同的优化方案。

# 6 基于推/拉结合供货方式的协同供应模型研究

之前的研究针对就近供货模式中存在的不确定因素，分别从信息流(横向信息共享)、物流(库存转移时限)和资金流(资金结算方式)三个方面提出了相应的优化策略。其中一个共同的特点是假定制造商作为系统的核心企业能够要求所有的供应商均接受其提出的运作规则。但是，在现实中可以看到装配系统中也存在着一些强势的供应商。这类供应商不仅能够不采用制造商设定的"游戏"规则，而且可以根据自身利益来要求制造商接受其设定的生产与运作方式。很显然，在这样的环境下，制造商需要重新选择其零部件需求策略，而不能采取针对普通供应商的传统供货策略。鉴于此，本章将进一步探讨在装配系统中存在着多重零部件供应模式(推式和拉式)下的优化运作问题。考虑当每一个供应商的供货时间均无法确定时，制造商应该如何选择对于强势供应商的零部件要货时间，而普通供应商又应该如何选择对于制造商的零部件供应时间。因此，本章将先建立两供应商对单制造商的准时供货模型。然后，对比两种不同的决策顺序：供应商与制造商同时决策和依次决策，对于供应链个体决策和整体绩效的影响。最后，讨论在不同环境下提高供应链系统协同运作的优化策略。

## 6.1 问题产生背景

为抵御装配系统中存在的众多不确定性风险(供货时间不确定、市场需求不确定)，制造商往往要求每一个供应商能够围绕他就近设置零部件仓库，并采取 VMI 策略来管理零部件库存。对于制造商而言，这样做的好处在于能够在转移零部件库存成本的基础上，实现对于下游客户的及时响应。但是对于供应商来说却需要维持较高的零部件库存水平以满足制造商的零部件供应要求。由此可见，如果要使所有的供应商均接受这一较为"苛刻"的运作规则，制造商必须在供应链中拥有足够的"话语权"。这一点对于大多数装配系统而言是普遍存在的：制造商往往是系统中唯一的核心企业。然而在现实运作中，也经常看到存在着一些强势的供应商能够"跳出"制造商所制定的规则：不仅不接受制造商所提出的 VMI 供货方式，反而要求制造商必须提前向其提出订购计划并承担相应的费用。以汽车行业为例，尽管制造商能够要求绝大部分的零部件供应商按照 VMI 模式供货，但是针对诸如发动机之类的核心零部件，制造商却往往需要向国外供应商(如康明斯 CUMMINS、博世 BOSCH 等)提前发出订购通知并支付相应的费用。同样，在电子加工行业也存在着类似问题：装配商需要提前向如 Intel 和 AMD 这类强势的芯片提供商发出订购信息，而其他电子零配件则可以通过本土供应商按照 VMI 模式供应。综上所述，当装配系统中存在着一些比制造商更为强势的供应商时，系统中可能会同时出现两种零部件供应方式：（1）制造商需要向强势的供应商提前订购零部件；（2）制造商能够要求弱势供应商采取 VMI 方式向其供应零部件。为便于比较，称前者为拉式供应方式，而后者为推式供应方式。

尽管装配系统中经常存在上述两种供货方式，但是尚未发现有相关文献针对这类装配系统展开研究。研究者更多专注于系统中的某一种供货模式，比如：Yano（1987）就研究了两供应商—单制造商的装配系统问题，讨论当供应商的供货提前期不确定时，制造商应该如何确定对不同供应商的订货时间问题。Song 等（2000）则在一个需求与供应均不确定的装配系统中，找到了制造商对于多个供应商的最优订货策略。此外，针对供应商均采取 VMI 供应的模式，Wang 和 Gerchak（2003）分析了当所有供应商在实施 VMI 供货模式下，制造商如何通过收益共享契约与回购契约来实现供应链的协调运作。基于这两种不同的供货模式在现实中运作的普遍性以及相关研究的相对滞后，本章将着重探讨当在一个装配系统中同时存在推式和拉式这两种零部件供应方式时，供应商和制造商的最优决策以及系统的协同优化策略。为了贴近现实运作情况，假设系统中每一个供应商的供货时间相互独立且均无法确定。相比之前三章的研究内容，可以看到，本章将进一步探讨供应商异质性对于装配系统运作绩效的影响。具体而言，本章将回答以下问题：

（1）当供应商供货时间不确实时，制造商应该选择何时对强势供应商发出订货需求计划？

（2）弱势供应商在了解需求信息和考虑制造商所可能做出的订货决策之后，应该选择在何时生产自身需要供应的零部件？

（3）不同的决策顺序（制造商和供应商同时决策、先后决策）对于决策双方各自最优供货时间和对于供应链整体绩效的影响是什么？

（4）针对不同的决策顺序，能否找到实现系统协同运作的优化机制，从而最终实现系统的完美协调？

下面首先给出针对以上问题的基础模型假设。

## 6.2 模型建立与描述

考虑一个由两供应商和单制造商构成的装配系统，如图 6-1 所示。假定最终产品由 2 个零部件构成并且分别由两个供应商按 1∶1 供应。每个零部件的生产时间 $t_i$ 均不确定，但符合一定的概率分布函数 $F_i(x)$ 和概率密度函数 $f_i(x) i = m, s$。每个零部件的生产成本为 $c_i(i = m, s)$。其中，制造商需要向强势供应商（记为供应商 1）提前发出订购信息，并且制造商需要在收到供应商 1 供应的零部件后立即支付相应的货款。另一个弱势供应商(记为供应商 2)则需要对制造商进行 VMI 模式供货，制造商会等到所有零部件都供应齐全后才与其结算。

在一个单周期的环境下，客户订单会提前到来，包括具体的需求数量和要货时间 $T_0$。制造商根据客户的要货信息和本身装配时间来安排采购与装配。为便于讨论，假定制造商的装配时间为 0(在现实运作中制造商的装配时间相对稳定，因此较少有文献考虑该时间对于系统的影响)。在决策过程中，制造商会根据 $T_0$ 向供应商 1 发出订购信息，即零部件 1 的生产开工时间 $B_m$。为便于计算，令 $l_1$ 代表制造商所需要决定的订购提前期：$l_m = T_0 - B_m$。供应商 2 而言则需要根据客户订单的到达时间 $T_0$ 来决定自己的生产开工时间 $B_s$。同理，令 $l_s = T_0 - B_s$ 代表供应商的零部件生产提前期决策。如果供应商 1 提前完成生产，制造商需要自行承担零部件 1 从完工之日起至最终产品交付给客户的时间段内的持货成本，令单位时间成本为 $h_m$；对于零部件 2，如果供应商 2 提前完成生产，供应商 2 需要承担零部件 2 从完工之日起至所有零部件供应齐全的时间段内的持货成本，单位时间成本为 $h_s$。值得注意的是，当供应商 2 晚于 $T_0$ 交货时，制造商有权对其采取惩罚，其单位时间惩罚成本为 $\beta_s$。制造商等到所有零部件都供应齐全后才能进行进一步加工装配。因此，当制造商的交货时间晚于 $T_0$ 时，会受到来自于客户的延迟交货惩罚，单位时间惩罚成本为 $\beta_m$。不失一般性，$\beta_m > \beta_s$ 代表客户对于制造商的惩罚一定大于制造商对供应商 2 的惩罚。

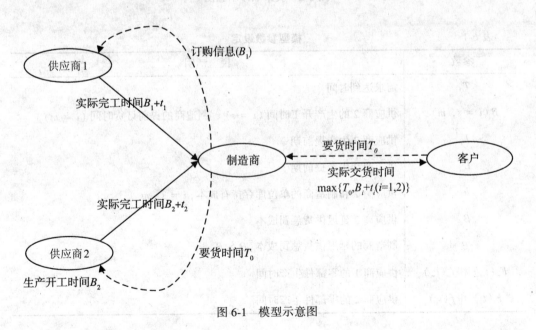

图 6-1　模型示意图

本章将考虑两种不同的系统决策过程(图 6-2 所示为依次决策模式)。一是同时决策模式：当市场需求时间确定后，制造商和供应商 2 同时选择各自的订购(生产)提前期；零部件完成供货后，相关成本产生。二是依次决策模式：当市场需求时间确定后，制造商（供应商2）提前确定生产提前期并告知供应商，然后供应商2（制造商）据此选择自身的生产提前期；零部件供应完成后，相关成本产生。可以看到，第一种决策顺序是制造商与供应商2之间的纳什静态博弈。它代表供应链双方在进行生产决策时不进行任何信息沟通，而这一点也普遍存在于现实运作中。第二种决策顺序则为供应商与制造商的主从博弈问题（本章将分别考虑制造商为主方和供应商为主方两种情况），表示供应链双方在决策时会在一定程度上交换信息。比如，强势制造商会要求零部件供应商必须提前告知他们的零部件生产计划等。假定供应链成员均为风险中性且以成本最小化为目标，表6-1为模型的参数设定。

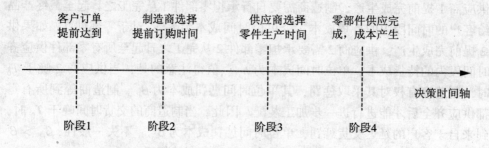

图6-2　决策顺序示意图

表 6-1　　　　　　　　　　　　　　　模型参数设定

| 参数 | 说　　明 |
|---|---|
| $T_0$ | 需求达到时间 |
| $B_i(i=s,m)$ | 供应商2的生产开工时间（$i=s$），制造商的提前订货时间（$i=m$） |
| $L_s$ | 供应商2生产提前期 |
| $L_m$ | 供应商2生产提前期 |
| $h_i$ | 供应商2和制造商的单位库存持有成本，$i=s,m$ |
| $\beta_s$ | 供应商2延迟供货惩罚成本 |
| $\beta$ | 制造商的延迟供货惩罚成本，$\beta > \beta_s$ |
| $F_m(t_m)$ 和 $f_m(t_m)$ | 供应商1的零部件生产时间 |
| $F_s(t_s)$ 和 $f_s(t_s)$ | 供应商2的零部件生产时间 |

无论选择哪一种决策顺序，由于存在着双重边际效应（double marginalization，Donohue，2000），系统整体绩效均无法实现最优。因此，首先给出供应链系统在集中决策环境下的零部件供货时间选择和期望成本作为对比（bench mark）。根据模型描述，系统在集中模式下的总成本如下所示：

$$C_C = h_m \left[ \max(t_s - L_s,\ 0) - (t_m - L_m) \right]^+ + h_s \left[ \max(t_m - L_m,\ 0) - (t_2 - L_2) \right]^+ +$$
$$\beta \left[ \max(t_m - L_m,\ t_s - L_s) \right]^+ \tag{6-1}$$

其中，第一项代表零部件 1 的库存持有成本；第二项代表零部件 2 的库存持有成本；第三项表示由于最终产品延迟供货所产生的惩罚成本。如式（6-1）所示，系统成本有且仅有两个供应商的生产提前期唯一决定。因此，为便于计算，沿用在第 5 章中所提出的划分生产提前期的方式（Rudi，1998）做出如下定义：对于不同供应商的零部件生产提前期和实际生产时间存在着三种关系：（1）$t_s < l_s \&\& t_m < l_m$；（2）$t_s > l_s \&\& t_s - l_s > t_m - l_m$；（3）$t_m > l_m \&\& t_m - l_m > t_s - l_s$。相应的，给出这三种情况出现所对应的概率，并做出如下定义：

$$\Omega_0 = F_m(l_m) F_s(l_s)$$

$$\Omega_s = \int_{l_s}^{\infty} \int_{0}^{t_s - l_s + l_m} f_s(t_s) f_m(t_m)\, \mathrm{d}t_s \mathrm{d}t_m$$

$$\Omega_m p = \int_{l_m}^{\infty} \int_{0}^{t_m - l_m + l_s} f_s(t_s) f_m(t_m)\, \mathrm{d}t_s \mathrm{d}t_m$$

显然存在 $\Omega_0 + \Omega_s + \Omega_m = 1$。基于此，给出系统在集中决策环境下的最优零部件提前期设置。

**引理 1** 系统总成本是零部件生产提前期的联合凸函数，最优生产提前期（$l_s^*$, $l_m^*$）满足条件：

$$\frac{\partial C_c}{\partial l_s} = h_s(\Omega_0 + \Omega_m) - (\beta + h_m)\Omega_s \qquad \frac{\partial C_c}{\partial l_m} = h_m(\Omega_0 + \Omega_s) - (\beta + h_s)\Omega_m \tag{6-2}$$

**证明：**将系统在集中决策下的成本函数式（6-1）展开可得：

$$C_C = h_m \left[ \int_{l_s}^{\infty} \int_{0}^{t_s - l_s + l_m} \left[ (t_s - l_s) - (t_m - l_m) \right] f_s(t_s) f_m(t_m)\, \mathrm{d}t_s \mathrm{d}t_m + \right.$$
$$\left. \int_{0}^{l_s} \int_{0}^{l_m} (t_m - l_m) f_s(t_s) f_m(t_m)\, \mathrm{d}t_s \mathrm{d}t_m \right] + h_s \left[ \int_{l_m}^{\infty} \int_{0}^{t_m - l_m + l_s} \left[ (t_m - l_m) - (t_s - l_s) \right] f_s(t_s) \right.$$
$$f_m(t_m)\, \mathrm{d}t_s \mathrm{d}t_m + \int_{0}^{l_s} \int_{0}^{l_m} (t_s - l_s) f_s(t_s) f_m(t_m)\, \mathrm{d}t_s \mathrm{d}t_m \left. \right] + \beta \left[ \int_{l_m}^{\infty} \int_{0}^{t_m - l_m + l_s} (t_m - l_m) \right.$$
$$f_s(t_s) f_m(t_m)\, \mathrm{d}t_s \mathrm{d}t_m + \int_{l_s}^{\infty} \int_{0}^{t_s - l_s + l_m} (t_s - l_s) f_s(t_s) f_m(t_m)\, \mathrm{d}t_s \mathrm{d}t_m \left. \right]$$

分别对零部件的提前期 $l_m$ 与 $l_s$ 求一阶导数可得：

$$\frac{\partial C_c}{\partial l_m} = h_m(\Omega_0 + \Omega_s) - (\beta + h_s)\Omega_m \qquad \frac{\partial C_c}{\partial l_m} = h_m(\Omega_0 + \Omega_s) - (\beta + h_s)\Omega_m$$

由于存在 2 个决策变量，需要进一步求得关于 $(L_1, L_2)$ 的海赛尔矩阵：

$$\frac{\partial^2 C_c}{\partial l_m^2} = (h_m + h_s + \beta)\left[f_m(l_m)F_s(l_s) + \int_{l_s}^{\infty} f_m(t_s - l_s + l_m)f_s(t_s)\,\mathrm{d}t_s\right] > 0 \quad (6\text{-}3)$$

同理可得：

$$\frac{\partial^2 C_c}{\partial l_s^2} = (h_m + h_s + \beta)\left[f_s(l_s)F_m(l_m) + \int_{l_m}^{\infty} f_s(t_m - l_m + l_s)f_m(t_m)\,\mathrm{d}t_m\right] > 0 \quad (6\text{-}4)$$

利用代换可知，存在 $\int_{l_s}^{\infty} f_m(t_s - l_s + l_m)f_s(t_s)\,\mathrm{d}t_s = \int_{l_m}^{\infty} f_s(t_m - l_m + l_s)f_m(t_m)\,\mathrm{d}t_m$。从而可得：

$$\frac{\partial^2 C_c}{\partial l_s \partial l_m} = \frac{\partial^2 C_c}{\partial l_m \partial l_s} = -A(h_m + h_s + \beta) \quad (6\text{-}5)$$

$$A = \int_{l_m}^{\infty} f_s(t_m - l_m + l_s)f_m(t_m)\,\mathrm{d}t_m = \int_{l_s}^{\infty} f_m(t_s - l_s + l_m)f_s(t_s)\,\mathrm{d}t_s$$

根据式(6-3)、式(6-4)和式(6-5)，存在 $\dfrac{\partial^2 C_c}{\partial l_m^2} \times \dfrac{\partial^2 C_c}{\partial l_s^2} - \dfrac{\partial^2 C_c}{\partial l_s \partial l_m} \times \dfrac{\partial^2 C_c}{\partial l_m \partial l_s} > 0$，海赛尔矩阵恒正定。因此，供应链成本是关于零部件生产期($l_s$，$l_m$)的联合凸函数。证毕。

系统在集中决策模式下的成本和对于客户的准时供货率将设置为标杆，以便与之后在不同决策顺序下的博弈模型进行对比。下面首先分析制造商和供应商同时确定生产提前期的纳什博弈模型。

## 6.3  最优决策分析

本节将分别讨论供应商 2 和制造商在不同决策模式下的最优生产提前期和订购提前期的选择以及在不同模式下系统个体和整体的成本变化。

### 6.3.1  同时决策模式

同时决策模式可以看做供应商 2 和制造商之间的静态纳什博弈过程：供应商 2 和制造商分别独自选择相应的生产(订购)提前期。由于在装配系统中存在着短板效应(VanHuyck 等，1990)，二者的期望成本相互影响。供应商的成本表示为：

$$C_s = \beta_s E\,(t_s - l_s)^+ + h_s E\left[\max(t_m - l_m, 0) - (t_s - l_s)\right]^+ \quad (6\text{-}6)$$

第一项代表供应商 2 延迟供货产生的惩罚成本，第二项代表供应商 2 的零部件持有成本。值得注意的是，即使供应商 2 延迟供货却仍然有可能需要承担库存持有成本，这是由于制造商只有等到零部件配齐之后才会支付给供应商 2 相应的采购金额。与之类似，可以给出制造商的期望成本：

$$C_m = \beta\max\,(t_s - l_s,\ t_m - l_m)^+ - \beta_s E\,(t_s - l_s)^+ + h_m E\,\big[\max(t_s - l_s,\ 0) - (t_m - l_m)\big]^+ \tag{6-7}$$

第一项代表制造商延迟供货受到的客户惩罚；第二项代表制造商通过供应商 2 延迟供货收到的补偿；第三项表示其承担的零部件 1 持有成本。在此基础上，通过引理 2 找到供应链双方在分散决策下的最优生产提前期选择。

**引理 2** 供应商 2 和制造商的期望成本均为其生产(订购)提前期的凸函数，最优的生产(订购)提前期满足条件：

$$\frac{\partial C_s}{\partial l_s} = h_s(\Omega_0 + \Omega_m) - \beta_s(1 - F_s(l_s)) = 0 \qquad \frac{\partial C_m}{\partial l_m} = h_m(\Omega_0 + \Omega_s) - \beta\Omega_m = 0 \tag{6-8}$$

**证明**：首先根据式(6-6)和式(6-7)展开供应商 2 和制造商的成本函数，可得：

$$C_s = \beta_s\int_{l_s}^{\infty}(t_s - l_s)f_s(t_s)\,dt_s + h_s\iint_{0\,0}^{l_s\,l_m}(t_s - l_s)f_s(t_s)f_m(t_m)\,dt_s\,dt_m + h_s\int_{l_m}^{\infty}\int_{0}^{t_m - l_m + l_s}\big[(t_m - l_m) -$$
$$(t_s - l_s)\big]f_s(t_s)f_m(t_m)\,dt_s\,dt_m$$

$$C_m = h_m\bigg[\int_{l_s}^{\infty}\int_{0}^{t_s - l_s + l_m}\big[(t_s - l_s) - (t_m - l_m)\big]f_s(t_s)f_m(t_m)\,dt_s\,dt_m + \iint_{0\,0}^{l_s\,l_m}(t_m - l_m)$$
$$f_s(t_s)f_m(t_m)\,dt_s\,dt_m\bigg] + \beta\bigg[\int_{l_m}^{\infty}\int_{0}^{t_m - l_m + l_s}(t_m - l_m)f_s(t_s)f_m(t_m)\,dt_s\,dt_m + \int_{l_s}^{\infty}\int_{0}^{t_s - l_s + l_m}(t_s - l_s)$$
$$f_s(t_s)f_m(t_m)\,dt_s\,dt_m\bigg] - \beta_s\int_{l_s}^{\infty}(t_s - l_s)f_s(t_s)\,dt_s$$

通过对式(6-6)和式(6-7)求关于生产(订购)提前期二阶导数可以得到：$\frac{\partial^2 C_s}{\partial l_s^2} > 0$ 和 $\frac{\partial^2 C_m}{\partial l_m^2} > 0$，由此可知供应商 2 和制造商的期望成本均为各自生产(订购)提前期的凸函数，从而存在最优的供货提前期使其成本最低。下面证明存在唯一的纳什均衡解。

由于存在 $\frac{\partial C_s}{\partial l_s \partial l_m} = -h_s\int_{l_m}^{1}f_s(t_m - l_m + l_s)f_m(t_m)\,dt_m < 0$，一定有 $\frac{\partial^2 C_m}{\partial l_m^2} - \frac{\partial C_s}{\partial l_s \partial l_m} > 0$。因此，根据 Gurnani 和 Gerchak(2007)的研究结论可知供应商和制造商的最优成本曲线最多只能相交一次，从而证明了有且只有一组生产提前期满足引理 2 的条件。证毕。

根据引理 2 的结论同样可以知道制造商最优的订购提前期与供应商 2 的最优生产提前期成正比关系：$\partial l_m / \partial l_s > 0$。这是由于 $\frac{\partial^2 C_m}{\partial l_m^2} > 0$ 而 $\frac{\partial^2 C_m}{\partial l_m \partial l_s} < 0$。这一点可以解释为，当供应商 2 选择延长其零部件生产提前期时，制造商由于供应商 2 延迟供货所产生的库存持有成本将降低，系统的延迟供货概率将更大程度上由制造商决定。因此，基于这两点考虑，制造商也会选择延长自身的零部件订购提前期。下面对比企业个体

和系统在集中决策模式和同时决策模式下的运作绩效。

**命题 1** 相比于集中决策模式，在同时决策模式中供应商 2 和制造商均会缩短各自的零部件生产（订购）提前期，从而导致系统的总成本上升且对于客户的及时响应度下降。

**证明：** 对比集中决策，系统在分散决策下的总成本必然上升。首先证明系统在分散决策下的准时供货率会下降。系统对于客户的准时供货水平可以表示为 $P(t_s < l_s \&\& t_m < l_m) = F_m(l_m)F_s(l_s) = \Omega_0$。而在集中决策模式下，根据引理 1 可知存在：$\Omega_0 = \beta/(h_m + h_s + \beta)$。对于同时决策模式，通过式（6-8）可以推出当 $h_m(\Omega_0 + \Omega_s) - \beta\Omega_m = 0$ 时，由于存在 $\Omega_0 + \Omega_s + \Omega_m = 1$，可以得到：$(\Omega_0 + \Omega_s) = \dfrac{\beta}{\beta + h_m}$ 以及 $\Omega_m = \dfrac{h_m}{\beta + h_m}$。

因此，假设存在 $\Omega_0 > \dfrac{\beta}{h_m + h_s + \beta}$，那么根据 $\dfrac{\partial C_s}{\partial l_s} = 0$ 可知：

$$\beta_s(1 - F_s(l_s)) = h_s(\Omega_0 + \Omega_m) > h_s\left(\frac{\beta}{h_m + h_s + \beta} + \Omega_m\right)$$

$$\Rightarrow F_s(l_s) < 1 - \frac{h_s}{\beta_s}\left(\frac{\beta}{h_m + h_s + \beta} + \Omega_m\right) < 1 - \frac{h_s}{\beta}\left(\frac{\beta}{h_m + h_s + \beta} + \Omega_m\right) \tag{6-9}$$

因为存在 $F_m(l_m) < \Omega_0 + \Omega_s = \dfrac{\beta}{h_m + \beta}$，有：

$$\Omega_0 = F_s(l_s)F_m(l_m) < \left[1 - \frac{h_s}{\beta}\left(\frac{\beta}{h_m + h_s + \beta} + \Omega_m\right)\right] \times \frac{\beta}{h_m + \beta} < \frac{\beta}{h_m + h_s + \beta} \tag{6-10}$$

通过对比式（6-9）和式（6-10）可知存在矛盾，因此在同时决策模式下有 $\Omega_0 < \dfrac{\beta}{h_m + h_s + \beta}$，系统的准时供货水平会下降。

其次，证明在同时决策模式下，零部件的生产（订购）提前期均会下降。由于系统的准时供货水平下降，可知必然存在至少一个零部件的生产（订购）提前期相较于集中决策模式缩短。不妨令供应商 2 的生产提前期 $l_s$ 在同时决策模式下小于集中决策，即 $l_s^d < l_s^c$。对比式（6-2）和式（6-8）可知，对于制造商而言，一定存在 $l_m^d < l_m^c$。这是因为假使 $l_s^d = l_s^c$，根据式（6-2）和式（6-8），制造商所选择的订购提前期存在 $l_m^d < l_m^c$，因为 $\beta\Omega_m < (\beta + h_s)\Omega_m$。而由于供应商 2 生产提前期和制造商订购提前期成正比关系，进一步推出 $l_m^d < l_m^c$。

同样，假定制造商的订购提前期在同时决策模式下小于集中决策，即 $l_m^d < l_m^c$。同样根据式（6-2）和式（6-8），如果存在 $\beta_s(1 - F_s(l_s)) < (\beta + h_m)\Omega_s$ 并且鉴于 $l_s$ 和 $l_m$ 之间的单调递增关系，则可以推出 $l_s^d < l_s^c$。由于有 $F_m(l_m) < \Omega_0 + \Omega_s = \dfrac{h_m}{h_m + \beta}$，可以推出以下结论：

$$h_s(\Omega_0 + \Omega_m) - \beta_s(1 - F_s(l_s)) = 0 \Rightarrow \Omega_0 = \frac{\beta_s(1 - F_s(l_s))}{h_s} - \Omega_m$$

$$\Rightarrow \frac{h_m}{h_m + \beta} F_s(l_s) > \frac{\beta_s(1 - F_s(l_s))}{h_s} - \Omega_m \Rightarrow 1 - F_s(l_s) < \frac{h_s}{\beta_s + \frac{\beta h_s}{h_m + \beta}}$$

$$\Rightarrow \beta_s(1 - F_s(l_s)) = \frac{\beta_s h_s}{\beta_s + \frac{\beta h_s}{h_m + \beta}} < \frac{\beta h_s}{\beta + \frac{\beta h_s}{h_m + \beta}} = \frac{h_s(h_m + \beta)}{h_s + h_m + \beta} \tag{6-11}$$

而在集中决策模式下，易知 $(\beta + h_m)\Omega_s = \frac{(\beta + h_m)h_s}{\beta + h_m + h_s}$，因此有 $\beta_s(1 - F_s(l_s)) < (\beta + h_m)\Omega_s$，从而 $l_s^d < l_s^c$。证毕。

命题 1 显示，制造商和供应商在同时决策模式下均会选择压缩自己的生产(订购)订购提前期。这可以解释为：由于担心对方出现延迟供货而导致自身的零部件持有成本增加，供应链双方均会采取相应的措施来降低自身的零部件持有成本。由此可见，双重边际效应会对供应链系统的整体利益带来巨大的损失：不仅系统的成本会上升，而且系统对于客户的准时服务水平也会下降。下一节将分析当供应链双方采取先后决策的方式时，系统中生产(订购)提前期的变化和相应产生的效果。

## 6.3.2 依次决策模式

与上一节不同，依次决策模式可以看做供应链双方的主从博弈过程：作为主方，供应商 2 或者制造商会提前做出生产(订购)提前期的决策，并将其告知对方(从方)。而从方在确认该时间后做出最有利于自身的提前期决策。与此同时，在依次决策模式中又存在着 2 种不同的决策顺序：(1)制造商先决定订购提前期并告诉供应商；(2)供应商 2 决定生产提前期并告诉供应商。由于这两种决策顺序所包含的管理意义相似，仅将第一种情况作为代表，讨论通过改变供应链企业的决策顺序会对系统带来怎样的影响。

制造商和供应商 2 的成本表达式在该模式下和 6.3 节保持一致，即分别满足式(6-7)和式(6-8)。首先从供应商 2(从方)的最优生产提前期开始分析。根据其成本表达式，最优的生产提前期一定满足条件：

$$\frac{\partial C_s}{\partial l_s} = h_s(\Omega_0 + \Omega_m) - \beta_s(1 - F_s(l_s)) = 0 \tag{6-12}$$

对比式(6-8)可见，供应商 2 的最优生产提前期满足的条件不变。但是作为从方，供应商 2 的生产提前期 $l_s$ 将被制造商所选择的订购提前期 $l_m$ 影响，而二者之间的关系满足条件：

$$\frac{\partial l_s}{\partial l_m} = -\frac{\partial^2 C_s}{\partial l_s \partial l_m} \Big/ \frac{\partial^2 C_s}{\partial l_s^2} > 0$$

可见，供应商 2 的生产提前期与制造商的订购提前期一一对应且单调递增。下面分析制造商的最优决策。给定制造商的期望成本如式(6-7)所示，其最优订购提前期应该满足条件：

$$\frac{\mathrm{d}C_m}{\mathrm{d}l_m} = \frac{\partial C_m}{\partial l_m} + \frac{\partial C_m}{\partial l_s}\frac{\partial l_s}{\partial l_m} = h_m(\Omega_0 + \Omega_s) - \beta\Omega_m + \left[\beta_s(1 - F_s(l_s)) - (\beta + h_m)\Omega_s\right]\frac{\partial l_s}{\partial l_m}$$

$$(6\text{-}13)$$

**命题 2** 相比于同时决策模式，在依次决策模式中供应商 2 和制造商均会选择延长其零部件生产(订购)提前期，从而导致系统中每一个成员的成本都下降但对于客户的及时响应度却上升。

**证明**：为便于比较，令供应商 2 和制造商在同时决策模式下选择的生产(订购)提前期设为 $l_s^1$ 和 $l_m^1$，在依次决策模式下的提前期设为 $l_s^2$ 和 $l_m^2$。由于供应商 2 在两种不同决策模式下的成本表达式一致；因此，当制造商在依次决策模式下选择令 $l_m^2 = l_m^1$ 时，必然存在 $l_s^1 = l_s^2$。从而，根据命题 1 的结论存在 $\beta_s(1 - F_s(l_s)) < (\beta + h_m)\Omega_s$，对于制造商而言，根据式(6-13)，必然存在：

$$\frac{\mathrm{d}C_m}{\mathrm{d}l_m}(l_s^1, l_m^1) = 0 + \left[\beta_s(1 - F_s(l_s)) - (\beta + h_m)\Omega_s\right]\frac{\partial l_s}{\partial l_m} < 0 \qquad (6\text{-}14)$$

这表明当制造商选择 $l_m^2 = l_m^1$ 时，继续延长订购提前期能够进一步降低其生产成本。另一方面，由于存在 $\partial l_s / \partial l_m > 0$，当制造商选择延长时，供应商 2 也会增加其生产提前期。而且，易知 $\mathrm{d}C_s / \mathrm{d}l_m > 0$，因此供应商 2 的成本也会降低。证毕。

通过命题 2 可见，在依次决策模式下企业个体，系统整体的运作绩效以及提高对于客户的服务水平。而更为重要的是，这一双赢(win-win)局面的产生仅仅通过改变供应商和制造商的决策顺序就能够实现。尽管相比集中决策而言，系统的双重边际效应仍然存在。但是对应到现实运作，无论是对于供应商或者是制造商而言，都应该有主动意愿来分享各自的生产时间信息，而并不应该选择独立决策。

采取依次决策模式的好处可以从以下几个方面来做进一步的解释。(1)对于后发的供应商 2 而言，在依次决策模式中，它能够在掌握制造商的订购提前期的基础上，再来确定自身的生产提前期。因此，供应商 2 能够更加准确地通过设置提前期来平衡自身的零部件库存持有成本和延迟供货惩罚成本。对比同时决策模式，供应商 2 只能通过预测制造商的订购提前期来选择自身供应时间。因此，在依次决策模式下供应商 2 减少了不确定性风险，从而更好地平衡库存持有成本和延迟惩罚成本。(2)对于先发的制造商而言，在同时供货模式下他能够通过设置自身的订购提前期来调节供应商的生产提前期。因此，它能够选择最有利于自己的订购时间，从而有效降低成本。根据上述分析，可以看到改变决策顺序或者称为部分信息共享能够在不消除企业个体利益冲突的前提下，同时提供双方的运作绩效。(3)对于客户而言，依次决策模式导致系统的服务水平会高于同时决策模式。这一点可以解释为，在同时决策模式中，由于参与双方无法知晓对方的订购(生产)时间，会担心自身库存持有成本的增加，而选择压缩各自的提前期。但是在依次决策模式中，由于双方在进行决策前，都能明确对方的反应，从而避免无谓的生产(订购)提前期的延迟。

值得注意的是，即使调整供应商和制造商的决策顺序——制造商为从方，供应商2为主方，上述这些理由仍然成立，从而也就保证了系统在依次决策模式下的表现更好。至此，验证了系统在不同决策模式下的绩效。下面将进一步分析在不同模式下，优化系统绩效的协同运作策略。

# 6.4　协同运作机制

针对准时供货模型的协同优化策略，传统的激励措施认为制造商需要运用各种激励或惩罚措施以保证供应商能够准时地配送其所需物品(Lyer 和 Berge，1997)。在此基础上，Grout（1996）、杨文胜和李莉(2006)也针对供应商和制造商之间的交互动态博弈关系，建立有效的激励机制，从而提高采购的准时交货概率。但是，这些传统激励措施能否有效适应于装配系统有待做进一步的讨论。这是因为在装配系统中，一方面供应商横向供应存在着匹配问题，另一方面存在着多重的不确定因素——每一个供应商的供货时间均无法确定。因此在本节中，将首先针对同时供应模式分析传统激励方式的效果，然后讨论通过改变系统决策顺序(依次决策模式)以实现系统的协同运作。

## 6.4.1　定额供货激励

首先分析制造商通过对供应商2准时交货提高定额奖励的方式来优化系统的运作绩效。即：一旦供应商2在市场需求到来之前完成供货，制造商给予供应商2定额奖金 $b$。显然在一环境下，供应商2会通过选择延长自身的生产提前期来提高获得奖励的概率，从而最小化自身的期望成本。在这种激励机制下，供应商2和制造商的成本函数调整为如下形式：

$$C_s^1 = C_s - bF(l_s^1) \qquad C_m^1 = C_m + bF(l_s^1) \tag{6-15}$$

制造商和供应商2设定的零部件1和2的最优生产提前期和是式(6-15)的方程组的解。

$$\frac{\partial C_s^1}{\partial l_s^1} = \frac{\partial C_s}{\partial l_s^1} - bf(l_s^1) \qquad \frac{\partial C_m^1}{\partial l_m^1} = \frac{\partial C_m}{\partial l_s^1} \tag{6-16}$$

由于无法求得最优生产(订购)提前期的显性表达式，选择通过算例分析来讨论这种激励机制的有效性。

**算例分析**：假定零部件1与2的生产时间分别服从 $\mu_1 = 50$，$\mu_2 = 90$ 的指数分布，零部件持有成本和延迟供货惩罚成本分别为 $h_1 = 8$，$h_2 = 12$，$\beta_s = 10$，$\beta = 55$。考虑随着制造商对供应商2的定额奖金 $b$ 不断增大时，供应商2、制造商和系统的成本变化情况。为便于计算，假定生产的零部件数量和产品数量均为1。计算结果如图6-2、

图 6-3 所示。其中，$C_m^*$ 和 $C_s^*$ 为未引进激励机制时分散模式下供应商 2 和制造商的最优成本，$C_c^*$ 为集中模式下系统最优成本。

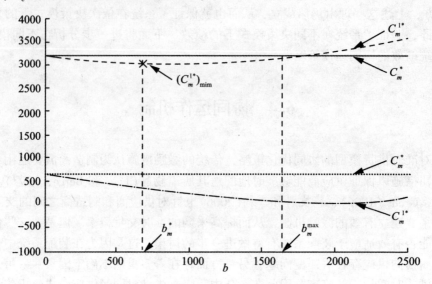

图 6-3　供应商 2 和制造商的最优成本变化图

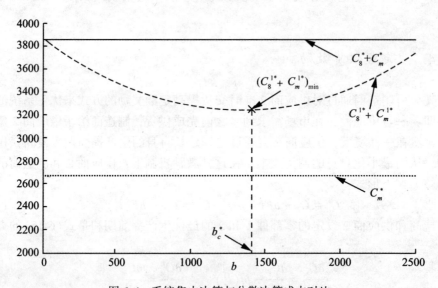

图 6-4　系统集中决策与分散决策成本对比

　　由图 6-3 和图 6-4 可知，随着 $b$ 的不断增大，供应商 2、制造商和系统的成本均是先减小后增大，说明这种激励机制在一定范围内是有效的。通过对比可以看到，制造商出于自身利益考虑所选择的激励值（$b = 690$）和系统总成本最低的激励值（$b = 1420$）并不相同。这可以解释为在双重边际效应下，系统的整体绩效无法达到最优。此外也可以看到，单纯通过设定定额激励机制无法实现系统的完美协调。这是由于即

使系统选择 $b = 1420$，其成本仍然明显高于集中决策模式下的最优选择。下面通过数学推导进一步证明这一结论。

如果要使得系统的总成本最低，必须使得供应商 2 和制造商选择的生产（采购）提前期和集中决策模式下保持一致，即 $l_s^1 = l_s^*$，$l_m^1 = l_m^*$。但是根据式(6-16)，可以看到总存在一个特定的 $b$ 能够使得供应商 2 的最优生产提前期满足条件 $l_s^1 = l_s^*$。但是，对于制造商而言，如果他选择最优订购提前期 $l_m^1 = l_m^*$，则会出现 $\partial C_m^1 / \partial l_m^1 \mid (l_m^1 = l_m^*) > 0$。因此可知，系统无法实现完美协调。下面将进一步讨论通过改变奖励值的设置方式来优化系统协同手段。

### 6.4.2 浮动供货激励

上面无法实现系统完美协同的一个重要原因是，定额激励无法建立供应商 2 和制造商在提前期决策上的联系，从而导致制造商的订购提前期最优表达式和 6.3.1 中维持一致。因此，这里将假定制造商采取浮动的供货激励方式来改变自身收益和系统整体绩效。具体而言，制造商可以对供应商 2 设定如下激励机制：当零部件 2 的完工时间早于零部件 1 的完工时间时，制造商对供应商 2 给予单位时间奖金 $b'$。因此，相比于制造商的订购提前期而言，如果供应商 2 设定的生产提前期越长，其有可能获得的按时供货奖励额度越大，供应商 2 的成本表达式如下所示：

$$C_s^2 = C_s - b'E\left[(t_m^2 - l_m^2) - (t_s^2 - l_s^2)\right]^+ \qquad C_m^2 = C_m + b'E\left[(t_m^2 - l_m^2) - (t_s^2 - l_s^2)\right]^+$$

$$(6\text{-}17)$$

同样是采取算例分析的方式，可以证明在一定条件下，通过选择浮动供货激励能够实现系统成本的最小化，具体内容见表 6-2。

表 6-2　　　　　不同激励措施的成本与零部件生产提前期对比

| 参数设定 | 协调机制 | 成本 | | | 生产提前期 | |
|---|---|---|---|---|---|---|
| | | 供应商 2 | 制造商 | 系统 | 零部件 1 | 零部件 2 |
| $\mu_1 = 50$, $\mu_2 = 90$ | 浮动供货激励 | 1324.8 | 1407.7 | 2732.5 | 63.5 | 138.3 |
| $h_1 = 15$, $h_2 = 12$ | 固定供货激励 | 1397.2 | 1482.0 | 2879.2 | 47.9 | 97.2 |
| $\beta_s = 25$, $\beta = 35$ | 对比 | -72.4 | -74.3 | -146.7 | 15.6 | 41.1 |
| $\mu_1 = 50$, $\mu_2 = 90$ | 浮动供货激励 | 897.5 | 1061.8 | 1959.3 | 59.2 | 145.0 |
| $h_1 = 12$, $h_2 = 8$ | 固定供货激励 | 791.1 | 1444.3 | 2235.4 | 40.2 | 76.5 |
| $\beta_s = 12$, $\beta = 25$ | 对比 | 106.4 | -382.5 | -276.1 | 19.0 | 68.5 |
| $\mu_1 = 50$, $\mu_2 = 90$ | 浮动供货激励 | 1550.9 | 1797.1 | 3348.0 | 58.3 | 134.2 |
| $h_1 = 20$, $h_2 = 15$ | 固定供货激励 | 1876.8 | 1579.7 | 3456.5 | 43.7 | 104.2 |
| $\beta_s = 35$, $\beta = 40$ | 对比 | -325.9 | 217.4 | -108.5 | 14.6 | 30.0 |

然而，与 Cachon 和 Zipkin(1999)的研究结论相似，这种激励机制在使得系统总成本降低至集中模式下最优总成本的同时，可能会使得供应商 2 或制造商中某一方的成本比采用激励机制前还要高。也就是说，这种激励机制并不能保证可以实现供应商 2 和制造商双方的 Pareto 改善。这一情况出现的原因，一是供应商 2 和制造商之间是纳什博弈，而非主从博弈；二是零部件 1 的持货成本完全由制造商承担，而客户对制造商的惩罚、制造商对供应商 2 惩罚成本以及供应商 2 持有零部件 2 的持货成本可以通过激励机制在双方之间进行分担。鉴于此，下面将探讨通过改变系统决策顺序的方式来实现系统完美协同的可能性。

### 6.4.3 改变决策顺序

6.3 节证明了通过改变装配系统决策顺序(依次决策模式)能够有效提升系统个体和整体的运作绩效。下面，将进一步分析通过在依次决策模式下，采取传统的激励手段也能够实现系统成本的最小化。

首先根据 6.3.2 中找到的供应商 2 和制造商最优生产(订购)提前期表达式，得出在存在激励措施条件下，供应商 2 和制造商的最优选择：

$$\frac{\partial C_s^1}{\partial l_s^1} = \frac{\partial C_s}{\partial l_s^1} - bf(l_s^1)$$

$$\frac{\mathrm{d} C_m}{\mathrm{d} l_m} = h_m(\Omega_0 + \Omega_s) - \beta \Omega_m + \left[\beta_s(1 - F_s(l_s)) - bf_s(l_s) - (\beta + h_m)\Omega_s\right]\frac{\partial l_s}{\partial l_m}$$

$$(6\text{-}18)$$

可以看到，相比式(6-17)，供应商 2 的最优提前期表达式维持不变，而制造商的成本函数发生了变化。这是由于在主从博弈环境下，作为主方的制造商能够通过设定自己的提前期来调节供应商 2 的最优提前期选择。换句话说，制造商能够通过设定合适的激励机制和选择订购提前期来促使供应商 2 的最优选择满足条件 $l_s^2 = l_s^*$。与之对应，当供应商 2 能够选择 $l_s^2 = l_s^*$ 时，对于制造商而言，他的最优选择同样应该满足条件 $l_m^2 = l_m^*$。这是因为他的目标函数满足条件 $\min C_m = \min C_c - C_s$，从而可知在依次决策模式下，通过设定合理的奖励值 $b$ 能够实现系统的完美协调。

## 6.5 本章小结

在装配系统中，作为核心企业的制造商能够要求所有的供应商接受其设定的运作规则，从而有效抵御由不确定性风险带来的损失。前三章内容就这类普遍存在的装配系统，讨论了如何通过优化信息流、物流和资金流等方式提升供应链的运作水平。但是可以看到，在现实中往往存在着一些强势供应商并不接受制造商设定的"游戏"规则；不仅如此，这类供应商甚至会要求制造商必须提前订货并且在完成生产之后必须马上付款。针对这样的装配系统，在实践中制造商不得不根据不同的供应商类别来选择相应的零部件供应策略：对上述的强势供应商采取拉式供货方式（即提前订货），对弱势供应商要求推式供货方式（VMI 供货）。本章对于这类同时存在双重供货方式的装配系统进行了详细的研究。考虑在每一个供应商的供货时间均不确定的环境下，制造商应该如何选择对于强势供应商的订购时间以及弱势供应商应该如何选择自身的零部件生产时间。不仅如此，本书还分析了两种不同的决策模式：供应商和制造商同时决策和依次决策，对于系统个体和整体运作策略和绩效的影响。在此基础上，进一步提出优化系统绩效的协同运作策略。具体而言，本章的研究结果主要包括：

（1）在同时决策模式下，制造商和供应商 2 存在最优的订购（生产）提前期以最小化各自的运作成本。但是相比集中决策言，双方均会选择压缩各自的提前期，从而导致系统的整体成本上升，但是对于客户的准时服务水平却下降。这一点可以解释为供应链双方在无法确定对方的生产（订购）提前期的前提下，选择压缩提前期以降低由于对方延迟供货所产生的零部件持有成本。

（2）相较于同时决策模式，当供应商和制造商采取依次决策模式时，供应商和制造商均会延长各自的生产（订购）提前期。其结果不仅使得系统个体和整体的运作成本降低，而且对于客户的准时服务水平能够提高，因此供应链双方均有主动意愿参与这一改进方案。该模式的优势在于，供应商（从方）能够在确定制造商的订购提前期的基础上进行决策，从而降低了不确定风险；制造商（主方）则能够通过提前决策影响供应商的决策，从而更好地设计自身的零部件订购时间。

（3）采取合适的激励手段——制造商对准时供货的供应商提供补偿，能够有效提升装配系统中企业个体和整体的运作绩效。但是对于同时决策模式而言，设定固定的准时供货激励无法实现系统成本的最小化，只有采取浮动准时供货激励的方法才能实现系统成本的最小化。但是对于依次决策模式来说，无论采取哪一种激励手段均能够实现系统成本的最优。

综上所述，本章研究了在不确定环境下存在供应商异质性的装配系统的优化运作策略。而笔者了解，尚未有相关文献针对这类同时存在强/弱势供应商的推/拉结合的装配系统展开过研究。因此，本研究结果不仅丰富了有关不确定环境下装配系统的理论研究，对于企业的实践运作也存在着较强的指导意义。比如，针对当前国内的绝大多数汽车装配企业而言，存在着如何协调强势供应商和弱势供应商的问题。而本章的研究结果表明，制造商可以通过和弱势供应商分享其核心零部件订购信息来帮助供应链双方降低成本，从而形成双赢的局面。正如之前所提到的那样，本章是第 3~5 章研究的延伸，但是区别仅限于改变了决策主体（前三章中生产提前期均由供应商唯一决定），而没有考虑装配系统的运作模式的变化。下一章将考虑装配系统中存在的两种主要的运作模式：基于 Supply-hub 的运作模式和就近供货模式。通过对比，找到不同装配系统运作模式的特点和各自的适用性。

# 7　装配系统运作模式的扩展研究

之前的四章针对装配系统的上游供应环节，建立了一系列不确定条件下的多供应商对单制造商准时供货模型。通过数学推导论证的方式，研究了不同利益主体之间（制造商和供应商，供应商与供应商）的交互决策行为，并提出相应的协同优化策略。相比这些建立在系统微观操作层面上的优化模型，本章将延伸探索装配系统在运作层面上的问题，对比在当前应用较为成熟的两种装配系统运作模式：基于 Supply-hub 供货模式和就近供货模式之间的联系与区别。具体来看，本章将首先通过面向过程的方法分别建立这两种装配系统运作模式的仿真模型。在客户需求随机的条件下分析两种模式在供应链响应性以及因响应客户订单而发生的运营成本的对比特征。研究结果将充分证明 Supply-hub 模式在市场响应速度及相关的库存成本方面有着较大优势，并提出进一步提升该模式绩效的方式。

## 7.1　问题产生背景

装配系统的产生来源于企业对于降低成本的不懈追求。一方面，单纯靠挖掘企业内部潜力来降低运作成本的空间越来越有限；另一方面，信息技术和经济全球化的发展为不同企业之间的合作提供了可能。因此，众多加工制造商企业开始选择将非核心的业务外包给其他的供应商，以便在大幅降低生产投入成本的同时提升自身的竞争力。但是一个随之而来的挑战是，装配系统这种高度分散的运营结构如何能够保证对于客户的及时响应速度。可以看到，自从 Stalk(1988)首次提出基于时间竞争的概念以来，响应性对于供应链竞争力的影响越来越明显(陈荣秋，2006；杨瑾等，2007)。比如在快速消费品行业中，Zara 和 Dell 等企业均通过压缩对客户的响应时间极大地提升了自身的市场竞争力。由此可见，如何最大限度地提高供应链响应性已经成为评价装配系统运作绩效的一个关键指标。

正是为了平衡成本与速度二者之间的关系，在当前的装配式供应链中产生了一类较为新颖的运作模式：基于 Supply-hub 运作模式(简记为 S-模式)。S-模式来源与就近供货模式(简记为 V-模式)：即制造商要求各供应商在其工厂附近设立仓库，同时采用供应商管理库存(VMI)的模式，并采取 JIT 方式对下游进行配送。而在此基础上，S-模式将 V-模式中那些分散、独立管理的 VMI 仓库进行整合集中管理，由一个统一第三方物流公司(如伯灵顿全球、UPS)负责取货配送。S-模式的出现不仅引起了学术界的关注，如龚凤美和马士华(2007)通过研究 S-模式的运作特点以及实际案例分析指出其能缩短订单响应时间，从而获得基于时间的竞争优势。同时也在实践界取得了成功：出现了一系列专注于提供集配中心(Supply-hub)服务的第三方物流企业(如：BAX GLOBAL 以及国内的东本储运等)，从而证明了该模式的现实操作性。

本章将以 S-模式和 V-模式这两种在当前装配系统中应用最为广泛的运作模式作为研究对象，对比他们在供应链响应性和相应的运营成本上的表现差异，从而找到在一定条件下更优的运作模式。针对供应链响应性这一概念，在理论界，自从 Iyer 和 Bergen(1997)为了缩短供应链响应时间提出快速响应模式(quick response)之后，众多学者采用定性分析、实证分析和定量建模等不同方法对其作了大量研究。比如：Perry 等(1999)、Perry 和 Sohal (2001)通过将快速响应模式应用到澳大利亚的纺织、服装和鞋类行业中，总结了提高供应链响应性的关键因素。然而，不足的是，上述研究大多考虑的是"1：1：1"型的串行供应链(Corbett & Karmarkar，2001)，而还没有针对装配系统这类"N：1：1"型供应链进行讨论。鉴于此，本章拟通过建立"基于Supply-hub 模式"(S-模式) 和"就近供货模式"(V-模式)的仿真模型，具体回答以下几个问题：(1)当市场需求随机时，不同的装配系统运作模式的运作特点以及运营指标表现是什么？(2)不同的参数变化会对于不同运作模式在响应性等指标上带来多大的影响？(3)在一定条件下，加工—装配式供应链应该如何选择最合适的运作模式？下面首先给出针对上述问题的仿真模型设定。

## 7.2 模型建立与描述

考虑一个由多供应商、单制造商、单客户组成的加工—装配式供应链。假定每个供应商只供应一种零部件，最终产品由每种零部件按 1：1：1 的比例组装而成。在这一系统中，制造商采用按订单组装(Assemble-to-Order，ATO)的方式进行生产。为应对客户的随机需求，制造商要求供应商将零部件以 JIT 形式直送工位。在实际运作中，为满足这一要求，先后出现了分布式就近供应及 VMI 运作模式(V-模式)和基于Supply-hub 的整合运作模式(S-模式)。下面介绍两种模式的运作流程。

### 7.2.1 就近供应模式

在就近供货模式(V-模式)下，制造商为了实现自身的 JIT 运作，也为了使供应商供货尽可能达到协同，从而降低供应物流不配套的风险，普遍要求其原材料和零部件供应商在制造商附近就近设厂或仓库，同时采用供应商管理库存(Vendor Managed Inventory，VMI)的方式运作。其中，各供应商均通过自己的 VMI 仓库对制造商单独进行 JIT 配送。值得注意的是，供应商对 VMI 仓库的零部件配送，采用整车直达运输的方式实现。而这种运输方式能保证在满足制造商 JIT 生产需求的同时，获得整车运

输的经济性从而降低自身运营成本。但是，由于制造商采用 ATO 的生产方式，对每
个供应商的零部件单批次需求量并不大，这使得各 VMI 仓库往往持有很高的库存。
一旦某种零部件发生缺货，会导致系统对客户的订单响应时间大幅下降。而正是针对
这一问题，在实践中一些制造商将 V-模式下的 VMI 仓库进行资源和组织整合、协同
优化，从而形成了基于 Supply-hub 的整合运作模式。

### 7.2.2　Supply-hub 模式

在 S-模式下，制造商将 V-模式中分散、独立管理的 VMI 仓库整合到 Supply-hub
中进行集中管理。整合运作后，Supply-hub 采用"循环取货—配套供应"方式进行运作
（吕芹和霍佳震，2009；王旭等，2011），从而有效地支持"多品种、小批量"的零部
件按照 JIT 的方式直送制造商生产工位，既保证了供应的配套性和同步性，又提高了
响应性。其具体运作流程如图 7-1 所示。

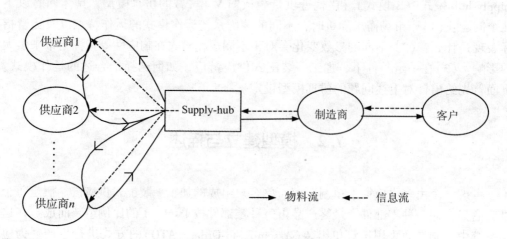

图 7-1　基于 Supply-hub 的整合运作模式

其中，循环取货按如下机制进行运作：运输车辆每天按事先设计好的行车路线从
制造商或者 Supply-hub 出发，到第一家供应商处装上准备发运的零部件，然后到第二
家、第三家等，直到取完所有等待运输的零部件后，返回制造商或者 Supply-hub。王
旭等（2011）指出，有关资料显示，国内整车厂 80% 的零部件供应商分布在同一城市
或者附近城市。因此，可以采用 Gillett 和 Miller（1974）提出的 Sweep Algorithm 确定循
环取货的行车路线：根据供应商围绕 Supply-hub 的分布情况及零部件的平均需求情
况，以 Supply-hub 为中心将供应商划分为若干个扇区。每个扇区内的零部件供应商分
布相对集中，且零部件需求之和基本等于整车运量；同时，各供应商的零部件按由远
及近的顺序进行运输，如图 7-2 所示。

循环取货方式可以满足"多批次、小批量"的运输要求，但是其运输时间相比 V-

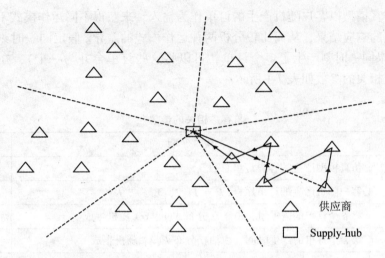

图 7-2　Sweep Algorithm 确定循环取货路径

模式下的直达运输时间要长。直观地看，如果供应商分布范围很广或者循环取货扇区划分不合理，S-模式并不一定能够有效提高系统的响应性。而在现实运作中，也可以看到北京吉普汽车与中远物流签署的集配中心服务项目就是由于此类原因而以失败告终(夏峰，2006)。为此需要深入分析两种模式的对比特征，进而为模式选择提供理论依据。下面，建立 V-模式和 S-模式下装配系统仿真模型的逻辑流程。

# 7.3　仿真逻辑流程

根据 7.2 节的分析可知，V-模式和 S-模式的关键区别在于对制造商的供应物流的运作模式不同：前者采用"整车直达运输+独立供应"方式，后者采用"循环取货+配套供应"方式。为排除非协调运作引起的干扰(如各零部件供应数量不匹配等)，以便聚焦于不同运作模式的关键区别带来的不同的供应链响应性表现，本书假定两种模式下加工—装配式供应链中的供应物流能完美协同运作，即：各供应商生产的零部件到达VMI 仓库/Supply-hub 的时间相同、数量匹配。在这一背景下，本节首先将加工—装配式供应链按系统成员分割为四个相互联系的子模块：客户子模块、制造商子模块、VMI 仓库/Supply-hub 子模块、供应商子模块，以便构建仿真模型。

## 7.3.1　模块构建

### 7.3.1.1　客户子模块

客户随机产生对产品的需求订单，具体表现为订单量随机和订单到达时间随机。在本书的仿真模型中，以正态分布模拟订单量，泊松分布模拟两个连续到达的订单时间间隔。仿真模型以客户随机产生的订单作为输入，来获得不同运作模式下加工—装配式供应链的响应结果，从而比较分析两种运作模式的差异。假定同一时刻只产生一个订单(如果同一时刻产生了多个订单，可以将这些订单合并为一个)，在模拟过程中，与客户相关的参数如表 7-1 所示。

表 7-1 与客户相关的参数

| 参数 | 说　明 | 单位 |
|---|---|---|
| $K$ | 仿真模型产生的客户订单总数 | 个 |
| $k$ | 客户随机产生的订单序号，$k = 1, 2, 3, \cdots, K$ | — |
| $O_k$ | 第 $k$ 个订单的需求量，由正态分布 $N(\mu, \sigma)$ 随机生成 | 件 |
| $OA_k$ | 第 $k$ 个订单的产生时间，由泊松分布 $P(\lambda)$ 随机生成 | — |
| $RT_k^x$ | $x$ 模式下，供应链对第 $k$ 个订单的响应时间，$x \in (V, S)$ | 天 |

### 7.3.1.2 制造商子模块

制造商按 ATO 的方式进行生产，其装配线的节拍为 $\tau$。每天开始时，制造商检查是否有新订单到达。当第 $t = OA_k$ 天有新订单 $O_k$ 到达时，制造商向各 VMI 仓库/Supply-hub 发出 $O_k$ 量的零部件配送要求。各 VMI 仓库/Supply-hub 收到配送要求后，配送 $D_t^x = B_t^x + \min[\max(SI_t^x, 0), O_k]$ 零部件到制造商的生产工位。因为 VMI 仓库/Supply-hub 均分布在制造商附近，相比较长的零部件生产时间和运输时间，本书将配送零部件至制造商生产工位的时间忽略不计。在收到零部件后，制造商以节拍 $\tau$ 进行组装。每天结束前，检查当前产品量是否能满足正在执行的订单量(制造商按 FIFO 顺序逐一执行客户的订单)。如果满足，则将该订单交货给客户并记录该订单的完成时间 $FT_k^x$ 更新库存，然后进入下一天的运作；否则，更新产品库存后进入下一天的运作。在模拟过程中，与制造商相关的参数如表 7-2 所示。

表 7-2 与制造商相关的参数

| 参数 | 说　明 | 单位 |
|---|---|---|
| $\tau$ | 制造商的装配线节拍 | 件/天 |
| $SP_t^x$ | $x$ 模式下，第 $t$ 天开始时制造商的产品库存，$x \in (V, S)$ | 件 |
| $EP_t^x$ | $x$ 模式下，第 $t$ 天结束时制造商的产品库存，$x \in (V, S)$ | 件 |
| $FT_k^x$ | $x$ 模式下，完成订单 $k$ 的时间，$x \in (V, S)$ | — |
| $H$ | 制造商的单位产品库存维持成本 | 元/年 |

### 7.3.1.3 VMI 仓库/Supply-hub 子模块

VMI 仓库/Supply-hub 子模块需要完成运输供应商生产的零部件以及管理和配送 VMI 仓库/Supply-hub 内的零部件的任务，为此可细分为"零部件库存管理及配送"和"零部件取货及运输"两部分。

(1)零部件库存管理及配送。各 VMI 或者 Supply-hub 仓库采用实践界广泛使用的 $(Q, r)$ 策略管理零部件库存（Corbett，2001；Ismail & Burak，2004；Guan & Zhao，2010）。在每天开始时，检查是否有供应商加工完毕的零部件到货并更新库存 $SI_t^x$。接着，执行缺货回补工作并更新库存：如果前一天结束时库存为负值：$EI_{t-1}^x < 0$，则计算当前最大可回补量：$B_t^x = \min\{\max(SI_t^x, 0), |EI_{t-1}^x|\}$，并更新库存 $SI_t^x$。然后，检查制造商是否有零部件配送需求。若有，计算当前最大可配送量 $\min\{\max(SI_t^x, 0), O_k\}$ 并执行对制造商的配送任务 $D_t^x = B_t^x + \min\{\max(SI_t^x, 0), O_k\}$，然后更新库存。当库存量小于等于重订货点 $r^x$ 时，向各供应商发出批量为 $Q^x$ 的订货信息，更新订货次数 $NQ^x$。

(2)零部件取货及运输。由于每种零部件的工艺特点不同，各个供应商加工一批 $(Q^x)$ 零部件所需的时间 $PT_i$ 并不相等。此外，各供应商围绕制造商分布在不同的地理位置导致从供应商到 VMI 仓库/Supply-hub 的运输时间 $TT_i$ 也不等。那么，在不同运作模式下，零部件到达各 VMI 仓库/Supply-hub 的时间和数量会有所不同。而这正是引起两种模式下加工—装配式供应链响应性不同的本质原因。

在 V-模式下，假定订货批量 $Q^V$ 恰好为整车运输量。那么，各 VMI 仓库在第 $t$ 天发出的订货将会在第 $t + \max\limits_{i}\{PT_i + TT_i\}$ 天到齐。而各供应商在第 $t$ 天接到订货信息后，均以 $t + \max\limits_{i}\{PT_i + TT_i\}$ 为交货时间安排自己的生产和运输。

与之不同，在 S-模式下零部件到货时间和数量与 Supply-hub 划分的循环取货扇区数 $(M)$ 和对供应商加工的同一批零部件的循环取货次数 $(N)$ 有关。第 $t$ 天发出的订货批量 $Q^s$，会分为 $N$ 次到货，每次到货数量为 $Q^s/N$（假设供应商是按流水线形式生产零部件的，这在实践中较为常见，如汽车发动机、变速箱等）。其中，第 $n$ 次取货的到货时间为所有扇区中的最晚到货时间，即：$t + \max\limits_{m}\left\{\dfrac{\max(PT_i)}{N}n + MT_m\right\}$，$S_m$ 为第 $m$ 个扇区内的供应商集合，$MT_m$ 为第 $m$ 个扇区循环取货的运输时间。有关它们的表达式则可通过图 7-2 确定的循环取货路径计算得到。在模拟过程中，与 VMI 仓库/Supply-hub 相关的参数如表 7-3 所示。

表 7-3　　　　　　　　　　与 VMI 仓库/Supply-hub 相关的参数

| 参数 | 说　　明 | 单位 |
|---|---|---|
| $(Q^x, r^x)$ | $x$ 模式下，VMI 仓库/Supply-hub 对各零部件的库存策略 | 件，件 |
| $SI_0^x$ | $x$ 模式下，VMI 仓库/Supply-hub 处的零部件初始库存，$x \in (V, S)$ | 件 |

续表

| 参数 | 说　明 | 单位 |
|---|---|---|
| $SI_t^x$ | $x$ 模式下，第 $t$ 天开始时 VMI 仓库/Supply-hub 处的零部件库存，$x \in (V, S)$ | 件 |
| $B_t^x$ | $x$ 模式下，第 $t$ 天 VMI 仓库/Supply-hub 对制造商的缺货回补量，$x \in (V, S)$ | 件 |
| $D_t^x$ | $x$ 模式下，第 $t$ 天 VMI 仓库/Supply-hub 对制造商的总配送量，$x \in (V, S)$ | 件 |
| $EI_t^x$ | $x$ 模式下，第 $t$ 天结束时 VMI 仓库/Supply-hub 处的零部件库存，$x \in (V, S)$ | 件 |
| $NO^x$ | $x$ 模式下，各 VMI 仓库/Supply-hub 的订货次数，$x \in (V, S)$ | 次 |
| $M$ | S-模式下，Supply-hub 划分的循环取货扇区总数 | 个 |
| $m$ | S-模式下，循环取货扇区序号，$m = 1, 2, 3, \cdots, M$ | — |
| $S_m$ | S-模式下，扇区 $m$ 内的供应商集合 | — |
| $MT_m$ | S-模式下，第 $m$ 个扇区循环取货的运输时间 | 天 |
| $N$ | S-模式下，Supply-hub 对供应商加工的同一批零部件的循环取货次数 | 次 |
| $n$ | S-模式下，Supply-hub 对供应商加工的同一批零部件的循环取货次数序号，$n = 1, 2, 3, \cdots, N$ | — |
| $h_i$ | 零部件 $i$ 在 VMI 仓库/Supply-hub 处的单位库存维持成本，$i = 1, 2, 3, \cdots, I$ | 元/年 |

#### 7.3.1.4 供应商子模块

每天开始时，各供应商检查是否有零部件订货需求。如果在第 $t$ 天收到 VMI 仓库/Supply-hub 的订货信息，各供应商按 V-模式或 S-模式下的最晚到货时间为交货时间安排自己的生产。在模拟过程中，与供应商相关的参数如表 7-4 所示。

表 7-4　　　　　　　　　　　　与供应商相关的参数

| 参数 | 说　明 | 单位 |
|---|---|---|
| $I$ | 零部件供应商总数 | 个 |
| $i, i'$ | 供应商序号，$i, i' = 1, 2, 3, \cdots, I$ | — |

续表

| 参数 | 说　　明 | 单位 |
|---|---|---|
| $PT_i$ | 第 $i$ 个供应商的零部件单位批次生产时间 | 天 |
| $TT_i$ | 第 $i$ 个供应商到 VMI 仓库/Supply-hub 的运输时间 | 天 |
| $T_{i,i'}$ | 第 $i$ 个供应商到第 $i'$ 个供应商之间的运输时间 | 天 |

基于上述四个相互关联的子模块的逻辑流程，图 7-3 具体描绘了加工—装配式供应链各系统成员每天的运作情况。

### 7.3.2　模拟指标说明

根据 7.3.1 所区分的四个模块，这里将给出四类供应链关键指标以对比分析两种运作模式的绩效表现：（1）订单平均响应时间；（2）VMI 仓库/Supply-hub 处零部件平均库存量及库存维持成本；（3）VMI 仓库/Supply-hub 处零部件平均缺货量；（4）产成品平均库存量及库存维持成本。

（1）订单平均响应时间 $RT_k^x$。$x$ 模式下，订单 $k$ 的响应时间 $RT_k^x$ 可由式(7-1)计算得到。

$$RT_k^x = FT_k^x - OA_k, \quad \forall k \tag{7-1}$$

根据式(7-1)，仿真分析中将随机产生 $K$ 个订单，通过求得 $K$ 个订单的平均响应时间 $\overline{RT^x} = \dfrac{\sum\limits_{k=1}^{K} RT^x}{K}$ 来比较两种运作模式的差异。

（2）VMI 仓库/Supply-hub 处零部件平均库存量及库存维持成本。零部件库存量记录在 $SI_t^x$ 和 $EI_t^x$ 两个变量中。本书以每天结束时的库存量 $EI_t^x$ 为统计标准，通过式(7-2)来计算 $x$ 模式下加工—装配式供应链的零部件平均库存量 $\overline{AI^x}$ 及相应的库存维持成本 $CH^x$。其中，$ET^x$ 为 $x$ 模式下，加工—装配式供应链完成第 $K$ 个订单的时间。

$$\overline{AI^x} = \frac{\sum\limits_{t=1}^{ET^x} \max(ET^x,\ 0)}{ET^x} \quad CH^x = \left(\sum\limits_{i=1}^{I} h_i \times AI^x\right) \times \frac{ET^x}{365} \tag{7-2}$$

（3）VMI 仓库/Supply-hub 处零部件平均缺货量。当各 VMI 仓库/Supply-hub 处零部件的库存水平为负值时，即发生缺货。零部件的平均缺货量可通过式(7-3)计算得到。

$$AS^x = \frac{\sum\limits_{t=1}^{ET^x} |\min(ET^x,\ 0)|}{ET^x} \tag{7-3}$$

产成品平均库存量及库存维持成本。制造商处产品的库存水平记录在 $SP_t^x$ 和 $EP_t^x$

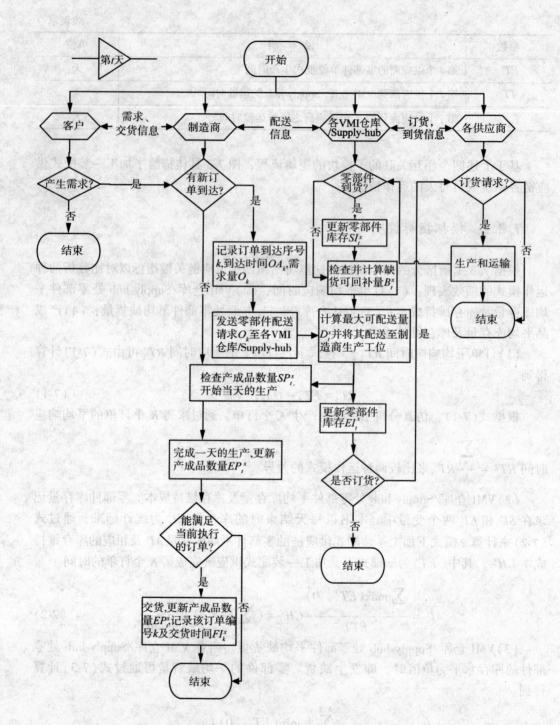

图 7-3 加工—装配式供应链仿真运作的逻辑流程

两个变量中，以每天结束时的产品库存量 $EP_t^x$ 为统计标准，通过式(7-4)可以计算产成品的平均库存量 $AP^x$ 及相应的库存维持成本 $PH^x$。

$$AP^x = \frac{\sum_{t=1}^{ET^x} EP_t^x}{ET^x} \qquad PH^x = (H \times AP^x) \times \frac{ET^x}{365} \qquad (7\text{-}4)$$

## 7.4 仿真结果分析

本书采用 Matlab 编程平台作为仿真工具，实现上述面向过程的加工—装配式供应链的仿真模型。在此基础上，本书以客户随机产生的需求作为模拟的输入，得到不同运作模式下模型的响应结果，以此分析对比两种运作模式的特征。首先通过基础实验对比两种运作模式的整体效果，然后在此基础上进行不同参数的敏感度分析。

### 7.4.1 基础实验

仿真每次随机产生 $K = 1000$ 个订单，运行 100 次，全局时间变量单位是天。在系统涉及的变量或参数中，$H$，$\{h_i\}$ 只影响总运营成本，$SI_0^r$ 对长期运营情况下的模拟结果影响不大，剩余的变量或参数则对订单响应时间和运营成本均有显著影响。下面，首先进行一组基础实验。

设定与客户、制造商和 VMI 仓库/Supply-hub 相关的变量或参数如下：

$$\mu = 50 \qquad \sigma = 3 \qquad \lambda = 10 \qquad \tau = 10 \qquad H = 1.2 \times \sum_{i=1}^{I} h_i$$

$(Q^V, r^V) = (240, 20)$ \qquad $(Q^S, r^S) = (220, 20)$ \qquad $M = 4$ \qquad $N = 5$ \qquad $SI_0^V = 50$ \qquad $SI_0^S = 50$

$\tau$ 满足 $\tau \geq \mu / \lambda$，否则等待完成的订单量会越积越多；设定 $(Q^x, r^x)$ 时，满足库存周期大于补货提前期条件。取 $I = 20$，设定与供应商相关的变量或参数如表 7-5 所示(因篇幅所限，具体取值在此不做赘述)。基础实验的比较结果见图 7-4、图 7-5 和图 7-6。

表 7-5 　　　　　　　　　　　　与供应商相关的变量或参数设定

| 变量或参数 | 模 拟 说 明 | 取值 |
|---|---|---|
| $h_i$ | 由均匀分布 $U(a_1, b_1)$ 生成的随机数进行模拟 | $a_1 = 10, b_1 = 50$ |
| $PT_i$ | 由均匀分布 $U(a_2, b_2)$ 生成的随机数进行模拟 | $a_2 = 2, b_2 = 10$ |
| $TT_i$ | 由均匀分布 $U(a_3, b_3)$ 生成的随机数进行模拟 | $a_3 = 0, b_3 = 7$ |
| $T_{i, i'}$ | 每个扇区内供应商之间的行车时间由均匀分布 $U(a_4, b_4)$ 生成的随机数进行模拟 | $a_4 = 0, b_4 = 3$ |

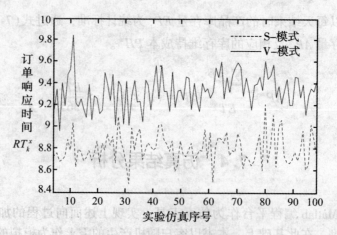

图 7-4　基础实验中订单平均响应时间对比

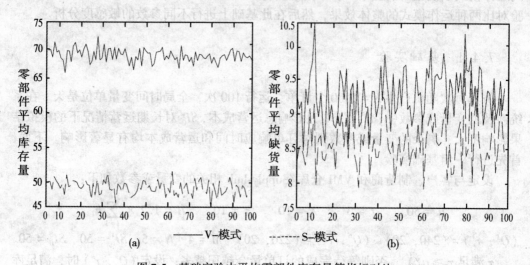

图 7-5　基础实验中平均零部件库存量等指标对比

　　图 7-4 描述了这两种运作模式在系统响应时间上的区别；图 7-5 描述了二者在零部件库存持有量和缺货量上的区别；图 7-6 描述了两种运作模式下的零部件持有成本和产成品的成本。通过上面的图例可以明显看到：S-模式下的供应链响应速度明显快于 V-模式；不仅如此，在 S-模式下，零部件的库存持有量和相应的库存成本也大幅低于 V-模式。由此可以总结出 S-模式相较于 V-模式而言最大的优势：能够在降低库存持有量的同时，提高系统的响应速度。另外可以看到，这两种不同的运作模式在系统缺货量和产成品库存上的区别不大，尽管 S-模式仍然优于 V-模式。究其原因，这是由于 Supply-hub 主要优势集中在零部件的集配过程中，通过特殊的取货和配送方式帮助供应链的上游段有效提升了运作绩效。接下来将进一步对不同的关键变量或变量组合：$(\mu, \sigma)$，$\tau$，$T_{i, i'}$，$(M, N)$ 进行敏感性分析，从而了解 S-模式和 V-模式各自适应的运作环境。

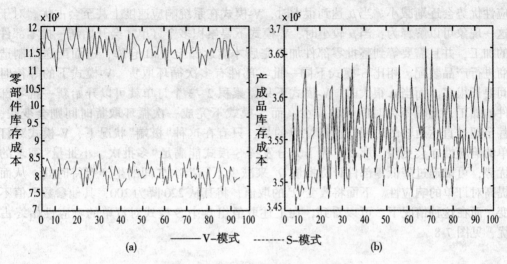

图 7-6  基础实验中库存成本指标对比

## 7.4.2  敏感度分析

### 7.4.2.1  $(\mu, \sigma)$ 对仿真结果的影响

设定 $(\mu, \sigma)$ 依次取 $\{(45,1),(50,2),(55,3),(60,4),(65,4),(70,3),(75,3),(80,1)\}$，其他参数的赋值见表 7-5。对每组 $(\mu, \sigma)$ 随机产生 1000 个订单，运行 100 次，模拟结果见图 7-7。

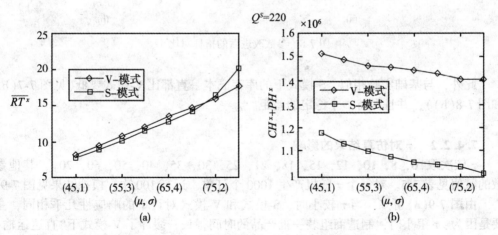

图 7-7  $(\mu, \sigma)$ 对响应时间和库存成本影响分析

由图 7-7(a)可知，当客户的每个订单的平均需求量较小时，S-模式下的订单平均响应时间 $\overline{RT^S}$ 要低于 V-模式下对应的 $\overline{RT^V}$；然而，随着 $\mu$ 变大，S-模式对订单的响

应性优势会逐渐减小。当 $\mu$ 达到很大时，V-模式在系统响应速度上甚至会占优。对于这一现象可以解释为：当 $\mu$ 较小时，V-模式下要累积多个订单才会开始新一批零部件的加工，并且需要等到整批零部件加工完后才能运输至 VMI 仓库，进而配送给制造商进行产品装配。相比 S-模式下同一批零部件有多次循环取货，V-模式下的等待时间要长很多。而当 $\mu$ 很大时，V-模式下只需累积 2~3 个订单就可以开始新一批零部件的加工，此时等待时间大幅减少；而 S-模式下完成一次循环取货时间则会变长，甚至超过直达运输的时间。值得注意的是，只有在这种"极端"状况下，V-模式对订单的响应性才会更快。那么，为了充分发挥 S-模式能满足"多批次、小批量"需求的优势，可以通过降低零部件订货批量 $Q^s$ 来减少不同批次之间的生产等待时间，从而提高对订单的响应性。下面将改变 $Q^s$ 的取值，将其从 220 降为 200，其他参数取值不变。而在这种情况下，可以看到，在上述取值组合中 S-模式对订单的响应性始终占优，见图 7-8。

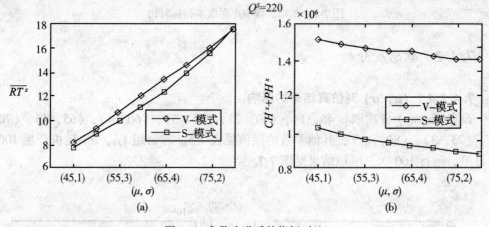

图 7-8　参数改进后的指标对比

此外，与基础实验相似，S-模式下的库存成本一直都比 V-模式要低（见图 7-7(b) 和图 7-8(b)），并且保持一个稳定的差距。

### 7.4.2.2　$\tau$ 对仿真结果的影响

$\tau$ 依次取 $\{6, 8, 10, 12, 15, 18, 21, 25, 30, 35, 40, 50, 60, 70\}$，其他参数的赋值见表 7-5。对每个 $\tau$ 随机产生 1000 个订单，运行 100 次，模拟结果见图 7-9。

由图 7-9(a) 可知，当 $\tau$ 较小时，S-模式和 V-模式对订单的响应性几乎相同，主要是因为：$\tau$ 很小时，制造商组装一批产品的时间很长，缓冲了 V-模式下"直达运输 + 独立供应"的劣势。随着 $\tau$ 增大，制造商组装一批产品的时间逐渐减少，对订单的响应性则相应逐渐提高。在这一过程中，S-模式相比 V-模式对订单的响应性提高得更快，因为"循环取货 + 配套供应"带来的优势随着 $\tau$ 的增大会逐步显现出来。当 $\tau$ 很大时，制造商能快速完成对客户需求的产品组装，那么，对订单的响应时间就主要花费在零部件的运输与配送环节。零部件的运输与配送时间由供应商与 VMI 仓库/

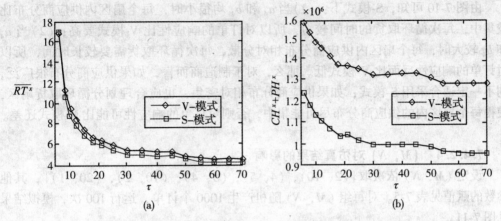

(a)

(b)

图 7-9 V-模式与 S-模式的订单平均响应时间指标对比

Supply-hub的相对位置和供应物流模式决定。所以，此时随着 $\tau$ 的增大，对订单的响应性不再提高。因此，在实践中，制造商不能仅一味追求装配线的自动化，还需要通过组织更合理的供应物流模式来提高零部件的运输与配送速度。至于图 7-9(b)中的成本比较，与数值实验(2)中的分析类似，在此不做赘述。

### 7.4.2.3 $T_{i,\ i'}$ 对仿真结果的影响

设定 $(a_4,\ b_4)$ 依次取值(0, 2)，(0, 3)，(0, 4)，(1, 3)，(0, 5)，(1, 4)，(2, 3)，其他参数的赋值见表 7-5。对每组 $(a_4,\ b_4)$ 随机产生 1000 个订单，运行100 次，模拟结果见图 7-10。

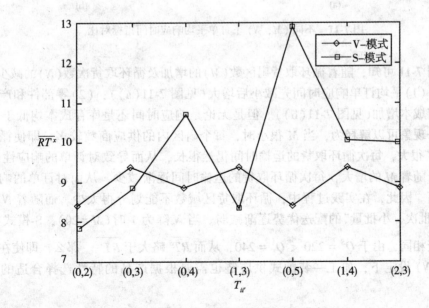

图 7-10 不同 $T_{i,\ i'}$ 下订单平均响应时间指标对比

由图 7-10 可知，S-模式下：（1）当 $a_4$ 和 $b_4$ 均很小时，每个扇区内供应商分布比较集中，每次循环取货的时间较短，所以对订单的响应性比 V-模式要高；（2）当 $a_4$ 和 $b_4$ 较大时，每个扇区内供应商分布相对分散，每次循环取货需要较长时间，所以对订单的响应性反而比 V-模式低。那么，对于制造商而言，如果供应商分布很广泛，则不一定适合采用 S-模式；如果供应商分布相对密集，也应合理划分循环取货扇区，使得每个扇区内的供应商分布尽可能集中，否则对订单的响应性可能比 V-模式还差。

### 7.4.2.4 $(M, N)$ 对仿真结果的影响

设定 $(M, N)$ 依次取 $\{(2, 10), (4, 5), (5, 4), (10, 2), (20, 1)\}$，其他参数的赋值见表 7-5。对每组 $(M, N)$ 随机产生 1000 个订单，运行 100 次，模拟结果见图 7-11。

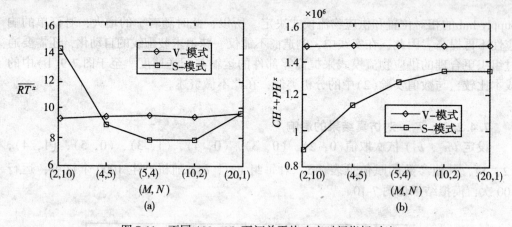

图 7-11 不同 $(M, N)$ 下订单平均响应时间指标对比

由图 7-11 可知，随着循环取货扇区数（$M$）的增加及循环取货次数（$N$）的减少，S-模式下：（1）平均订单响应时间先减小后增大（见图 7-11（a））；（2）零部件和产成品库存持有成本增加（见图 7-11（b））。但是无论是响应时间还是库存成本均低于 V-模式。这一现象可以解释为，当 $M$ 很小时，每个扇区内的供应商数较多，即使循环取货次数 $N$ 很大，每次循环取货的运输时间仍然很长，从而导致对订单的响应性比 V-模式差。随着 $M$ 的增大，每次循环取货的运输时间逐渐减少，从而对订单的响应性逐渐提高。因此，在实践过程中，循环取货区域数不能划分得太少。而随着 $N$ 的减小，"多批次、小批量"的配送优势逐渐减弱。当 $N$ 降为 1 时（$M = 20$），S-模式与 V-模式完全相同，由于 $Q^s = 220 < Q^V = 240$，从而 $\overline{RT^s}$ 略大于 $\overline{RT^V}$。那么，即使在最优的 $(M, N)$ 设定下，加工—装配式供应链也需要根据产品的特性选择合适的扇区分配。

## 7.5  本 章 小 结

对于装配系统而言，一个重要的问题是如何在有效降低运作成本的同时，保持甚至提高对于市场订单的响应度。针对这一问题，本章以当前被广泛采用的 Supply-hub 运作模式为研究对象，通过对比该模式与就近供货模式在市场响应性和零部件库存持有成本上的区别，验证了装配系统不同运作模式的优劣性。相比前几章的内容，本章在以下几个方面做了延伸：（1）不再专注于操作层面的装配系统协同供货问题，考虑装配系统运作层面问题；不再聚焦于不同利益主体之间的供货与订货问题，转而分析不同的物流配送方式对系统绩效的影响。（2）对模型设定环境的改变。与之前几章建立的单周期准时供货模型相比，本章考虑了多周期订货、零部件供应数量和确定性环境的影响。（3）没有采用传统的数学方法（博弈），而选择模拟仿真的方法来对比不同模式的运作指标。研究结果证明 Supply-hub 模式相比于就近供货模式能够大幅提高装配系统的响应速度并降低库存成本。在此基础上，进一步分析了不同的参数变化对于其运作效果的影响程度，从而能够为企业实践提供一定的指导依据。具体来看，研究结果主要包括以下几点：

（1）相比就近供货模式，Supply-hub 模式能够在有效降低库存持有量的同时，大幅提高供应链的响应速度。这一优势的产生主要基于 Supply-hub 模式特定的"循环取货+配套供应"的零部件配送模式，从而可以满足制造商"多批次、小批量"的运输要求。相较而言，就近供应模式仍然采取传统的"整车直达运输+独立供应"的配送方式则无法满足下游客户的要求。

（2）尽管 Supply-hub 模式能够在绝大多数情况下保证对于市场的响应速度，但是仍然存在两个值得关注的问题。一是如果装配系统中的供应商分布很广泛，对于制造商而言，Supply-hub 模式并不一定更优。这是由于一旦供应商分布相对分散，每次循环取货需要较长时间，从而导致系统的响应速度下降。而这也从侧面解释了为何当前的装配系统中，制造商往往希望要求其供应商能够就近设厂，或者倾向于选择附近的供应商（国内整车厂 80% 的零部件供应商分布在同一城市或者附近城市，见王旭（2011）。二是循环取货扇区的划分和取货次数对于 Supply-hub 的运作绩效极为重要。即使供应商的分布相对密集，但是扇区的划分不合理仍然有可能导致该模式对于市场的响应性低于就近供应模式。比如本章证明当扇区很少时，每个扇区内的供应商数较多，即使循环取货次数很大，每次循环取货的运输时间仍然很长，从而导致对订单的响应性比就近供应模式差。此外，如果取货次数太少，那么"多批次、小批量"的配送优势也会减弱。

# 8 总结与展望

装配系统一直都是运营管理和供应链管理中的热点问题。究其原因，一方面是由于这是一类具有复杂结构的供应链体系，系统内部存在着不同层面和不同角色的企业参与者(如上游供应商、核心制造商以及下游的零售商)。因此，如何协调这些节点企业之间的利益是决定和提升系统运作绩效的关键要素。另一方面，随着参与者数量的增加和客观存在的环境因素，装配系统的不确定性很高。比如，市场竞争和客户需求的变化导致订单时间无法确定；自然因素(地震、火灾)和地理位置的影响导致供应商的供应时间无法确定，等等。相应的，如何设立合理的运作机制来抵御这些不确定因素对于装配系统的负面影响极其重要。正是这些问题的存在，才吸引了大量的研究学者从不同的角度去揭示装配系统的内在运作规律。本书在前人研究的基础之上，系统地探讨在不确定环境下的装配系统中每一个参与者的行为动机，从而提出一系列行之有效的运作优化策略。但愿本书能为这个研究方向添砖加瓦，现将其作一总结，并对未来本研究领域可能的方向作出展望。

## 8.1 全书总结

本书建立了一系列由多个供应商和单制造商组成的装配系统及时供货模型，讨论了供应链前端不确定时间因素(市场订单到达时间不确定)和后端时间不确定因素(多个供应商的供货时间不确定且相互独立)对于系统运作绩效的影响机制，通过数学建模和推理论证的方式找到了供应商和制造商在不同环境和约束条件下的最优决策，并提出能够同时提升企业个体和供应链整体的优化运作策略。在此基础上，将所有的结论均扩展到 N 供应商对单制造商的环境中，同时也通过模拟仿真的方式对比了两种装配系统运作模式(Supply-hub 供货模式与就近供货模式)在供应链响应性和库存持有成本上的区别。本书的研究不仅丰富了有关装配系统优化的理论内容，而且保证研究结果能够贴近企业运作实际，从而指导企业实践。具体来看，表现在以下几个方面：

(1)验证了供应商横向信息共享对于提升装配系统运作绩效的作用和效果。尽管传统研究均指出供应商之间的横向协同(包括横向信息共享)是提高装配系统运作协同性的重要因素，但是较少有人通过数学论证的方式来明确供应商横向信息共享对于系统参与者决策和系统运营成本降低的影响程度。本书第 3 章通过建立在需求时间不确定环境下的多供应商对单制造商准时供货博弈模型，对比了不同的供应商在信息共享模式和信息封闭模式下的最优供货时间决策。研究结果表明通过横向信息共享，每一个供应商均会提高各自的零部件交货时间，从而不仅能够降低各自的生产成本，而且能够提高系统的准时供货水平。但是，由于系统个体的利益冲突仍然存在，横向信息共享对于系统绩效的提升效果有限。基于此，本书又提出制造商设定奖励和惩罚措施，设定系统最晚交货时间这两种不同的优化策略以帮助提高系统的协同运作程度。本书的结论证明供应商均有主动共享横向生产信息的意愿，从而保证了装配系统中横向信息和纵向信息(下游需求信息)能够得到充分共享。

(2)证明了供应商管理库存(VMI)会对制造商和装配系统同时带来伤害，提出基于制造商库存转移时限的优化策略。尽管有研究指出 VMI 会在一定程度上伤害到供应商以及供应链的整体利益，但是尚未有研究表明该方式会对制造商的收益带来负面影响。基于此，本书第 4 章建立了在信息共享环境下的多供应商对单制造商准时供货模型，重点研究了当需求时间不确实时制造商和多个供应商之间的交互博弈行为。研究结果表明，由于供应商管理库存和零部件配套供应的双重影响，在实施 VMI 的装配系统中供应商的供应时间会进一步推后，其结果不仅会伤害到系统的整体利益而且会对制造商的利益带来损害。因此，制造商应该采取设定库存转移时限的方式分担供应商的零部件成本，从而加速供应商的供货时间，降低自身和系统整体的运营成本。研究中还对两种不同的库存转移时限方式(相同/不同)进行了对比，结果表明制造商应该根据不同的供应商特点来选择合适的库存转移时限：当供应商的零部件持有成本较高时，制造商应该选择更短的库存转移时限；当零部件持有成本偏低，设置较长的库存转移时限更为合适。最后通过算例分析证明了制造商通过设定不同的库存转移时限能够将供应链的整体绩效维持在一个较高的水平上。

(3)探讨了不同的资金结算方式对于存在多重不确定因素的装配系统的影响机制。如何实现在复杂环境下装配系统的协同运作一直都是现实运作和学术研究的难点问题，尤其是在所有供应商的供货时间均无法确定的情况下。本书第 5 章针对现实中运作最为普遍的两种资金结算方式：上线结算(供应商一旦完成供货就付款)和下线结算(所有供应商完成供货才付款)对于装配系统中各个参与者的影响。本书建立了一个多供应商对制造商的供货模型，但是假定系统中每一个供应商的供货时间均相互独立且无法确定。研究结果找到了在不同的资金结算模式下供应商的最优供货时间决策和制造商的最优缓冲期设定决策，并且证明对于供应商而言，及时付款(上线结算)方式永远是更好的选择。但是令人意外的是，对于制造商来说延迟付款(下线结算)却并不一定更优。这可以解释为，尽管制造商能够通过延迟付款消除供应商延迟供货所带来的负面影响(零部件库存成本)，但是由于这样做会使得供应商供货不同步性进一步增大，从而有可能对制造商造成更大的伤害。此外，研究结果还证明了对于供应链整体而言，两种资金结算方式均能够找到使得系统达到完美协同的方法，并且系统的准时供货水平将维持一致。本书通过数学建模推导的方法对于装配系统中的资金流问题展开研究，结论能够有效指导企业在不同环境下选择更为合适的资金结算方式以提高自身收益。

（4）提出了针对存在强势供应商和多重供货模式的装配系统的优化运作策略。本书第 5 章专门针对一类较为特殊的装配系统展开研究，即在装配系统中存在强势和弱势供应商，从而导致系统需要同时采取推式供货（制造商对弱势供应商）和拉式供货（制造商对强势供应商）这两种供货模式。这类系统在当前国内的绝大多数汽车制造行业中普遍存在，却尚未得到研究者的足够关注。本书建立了当多个供应商供货时间不确定环境下的供应商和制造商博弈模型，针对两种不同的博弈顺序（同时决策和依次决策），讨论了制造商应该选择何时向强势供应商订货以及弱势供应商应该何时向制造商供货。研究结果表明单纯改变系统内参与者的决策顺序就能够有效提升系统个体和整体的绩效，即相比同时决策环境，在依次决策环境下制造商和供应商均会增加各自的订购和生产提前期，从而能够有效降低成本并且提升系统的服务水平。本书还重点探讨了不同的激励措施对于提升系统协同运作水平的影响。研究结果表明，在同时决策模式中设定固定的准时供货激励无法实现系统成本的最小化，而只有采取浮动准时供货激励的方法；但是对于依次决策模式来说，无论采取哪一种激励手段均能够实现系统成本的最优。

（5）对比了不同的装配系统运作模式的供应链绩效水平。不同于之前的内容主要关注装配系统操作层面的协同供应问题，本书第 7 章从运作层面出发，讨论两种当前主要的运作模式：就近供货模式和 Supply-hub 运作模式在供应链响应性与相关库存成本上的区别。研究运用模拟仿真的方法证明了在绝大多数情况下，Supply-hub 模式具有更快的订单响应性并且享有较低的库存成本。但当零部件供应商围绕制造商分布较为分散时或者循环取货的扇区划分不合理，Supply-hub 模式可能会产生比就近供货模式更高的库存成本和更低的响应速度。本书揭示了为何 Supply-hub 模式能够取代就近供货模式成为当前装配系统的主流运作模式以及如何提高 Supply-hub 模式的运作效果，从而为企业实践提供一定的指导依据。

## 8.2  研究展望

本书刻画了一类存在多个独立运作的供应商和单个制造商的装配系统及时供货模型，研究在不同的时间不确定因素条件下，供应商和制造商的最优决策，企业个体和供应链整体的运营成本和服务水平的变化以及针对不同的问题和环境下提升系统协同运作水平的优化策略。但是，鉴于装配系统控制理论的不断发展和实际运用环境的复杂性，还存在着很多有待进一步研究探讨的问题和方向，具体来看至少包括以下几个方面：

（1）多周期动态环境下的装配系统优化问题研究。鉴于 ATO（Assemble to Order）的普遍应用，本书所有的研究内容均建立在单周期的环境下。但是在现实中，装配系统的运作也可能是一个长期动态的过程。针对这一情况，就需要将研究的时限从单周期扩展到多周期，并采取随机过程与模拟计算的方式进一步分析。这将是今后研究的重点和难点问题。

（2）基于供应商视角的装配系统问题研究。尽管考虑了强势供应商的存在，但是本书建立的绝大部分装配系统模型是从制造商的视角出发的：制造商能够采取不同的库存转移时限、资金结算方式等策略来改变供应商的决策。站在供应商的视角来看装配系统则完全不同，因为任何一个供应商均有可能同时存在于几个装配系统中，从而形成一对多的情况。如何调配这些供应商资源从而满足不同装配系统的需求将是一个值得进一步探讨的话题。

（3）考虑多种库存控制策略的装配系统问题。本书建立的全部是准时供货模型，因此影响企业决策的主要因素是提前供货的库存持有成本和延迟供货的惩罚成本。尽管这与考虑数量模型中的残值成本和缺货成本相类似，但是仍然有一定的区别。区别主要体现在当考虑数量模型时，可以验证不同的库存控制策略，比如 $(R, Q)$、$(S, s)$ 等方式对于系统的影响。这也应该是未来需要深入研究的一个方向。

（4）存在可替代性零部件的装配系统问题研究。针对装配系统，本书的一个研究重点是供应商供应零部件的匹配性问题。但事实上，在装配系统中，除了匹配性问题外，零部件的可替代性同样值得关注。装配系统是否应该采取通用件来降低匹配性的影响，是否应该针对存在可替代性零部件的供应商进行筛选等，这些都是今后值得讨论的问题。

# 参 考 文 献

[1] Akkermans, H., Bogerd, P., van Doremalen, J.. Travail, transparency and trust: A case study of computer-supported collaborative supply chain planning in high-tech electronics [J]. European Journal of Operational Research, 2004, 153(2): 445-456.

[2] Van Huyck, J. B., Battalio, R. C., Beil, R. O.. Tacit coordination games, strategic uncertainty, and coordination failure [J]. The American Economic Review, 1990, 80(1): 243-248.

[3] Anderson, D., Lee, H.. Synchronized supply chains: The new frontier [J]. Achieving Supply Chain Excellence through Technology (ASCET), 1999, 1.

[4] Barnes, E. et al.. On the strategy of supply hubs for cost reduction and responsiveness [R]. The Logistics Institute-Asia Pacific Report, Georgia Institute of Technology and National University of Singapore, 2000.

[5] Barratt, M.. Understanding the meaning of collaboration in the supply chain [J]. Supply Chain Management: an International Journal, 2004, 9(1): 30-42.

[6] Berning, G., Brandenburg, M., Gürsoy, K., et al.. Integrating collaborative planning and supply chain optimization for the chemical process industry (I)—Methodology[J]. Computers and Chemical Engineering, 2004, 28(6-7): 913-927.

[7] Bernstein, F. and Chen, F. and Federgruen, A.. Coordinating supply chains with simple pricing schemes: The role of vendor-managed inventories[J]. Management Science, 2006, 52(10): 1483-1492.

[8] Blocher, J. D., Chhajed, D.. Minimizing customer order lead-time in a two-stage assembly supply chain[J]. Annals of Operations Research, 2008, 161(1): 25-52.

[9] Bookbinder, J. H., Cakanyildirim, M.. Random lead times and expedited orders in (Q, R) inventory systems [J]. European Journal of Operational Research, 1999, 115(2): 300-313.

[10] Bowersox, D. J., Closs, D. J.. Logistical management: The integrated supply chain process [M]. New York: McGraw- Hill, 1996.

[11] Byrne, P. J. & Heavey, C.. The impact of information sharing and forecasting in capacitated industrial supply chains: A case study [J]. International Journal of Production Economics, 2006, 103(1): 420-437.

[12] Cachon G., Fisher, M. . Supply chain inventory management and the value of shared

information［J］. Management Science, 2000, 46(8) : 1032-1048.

［13］Cachon, G. P. , Zipkin, P. H. . Competitive and cooperative inventory policies in a two-stage supply chain［J］. Management Science, 1999(45): 936-953.

［14］Cakanyildirim, M. , Bookbinder, J. H. , Gerchak, Y. . Continuous review inventory models where random lead time depends on lot size and reserved capacity［J］. International Journal of Production Economics, 2000, 68 (3): 217-228.

［15］Chen, F. , Drezner, Z. , Ryan, J. K. , et al. . Quantifying the bullwhip effect in a simple supply chain: The impact of forecasting, leadtimes, and information［J］. Management Science, 2000, 46(3): 436-443.

［16］Chopra, S. , Reinhardt, G. , Mohan, U. . The importance of decoupling recurrent and disruption risks in a supply chain［J］. Naval Research Logistics, 2007, 54(5): 544-555.

［17］Chu, H. , Wang, J. , Jin, Y. , Suo, H. . Decentralized inventory control in a two-component assembly system［J］. International Journal of Production Economics, 2006 (102): 255-264.

［18］Corbett, C. J. , Karmarkar, U. S. . Competition and structure in serial supply chains with deterministic demand［J］. Management Science, 2001, 47(7): 966-978.

［19］Donohue, K. L. . Efficient supply contracts for fashion goods with forecast updating and two production modes［J］. Management Science, 2000, 46(11): 1397-1411.

［20］Disney, S. M. , Towill, D. R. . The effect of vendor managed inventory (VMI) dynamics on the bullwhip effect in supply chains［J］. Production Economics, 2003, 85: 199-215.

［21］Dong, X. , Xu, K. . A supply chain model of vendor managed inventory［J］. Transportation Research, 2002, 38: 75-95.

［22］Ellinger, A. E. . Improving marketing/logistics cross-functional collaboration in the supply chain［J］. Industrial Marketing Management, 2000, 29(1): 85-96.

［23］Friedman, J. W. . Game theory with applications to economics［M］. Oxford University Press, New York, 1986.

［24］Fu, Y. , Piplani, R. . Supply-side collaboration and its value in supply chains［J］. European Journal of Operational Research, 2004, 152(1): 281-288.

［25］Forrester, J. . Industrial dynamics［M］. New York: MIT Press and Wiley&Sons, Inc. , 1961.

［26］Gaukler, G. M. , Ozer, O. , Hausman, W. H. . Order progress information: Improved dynamic emergency ordering policies［J］. Production and Operations Management, 2008, 17 (6): 599-613.

［27］Gavirneni, S. , R. Kapuscinski, S. Tayur. Value of information in capacitated supply chains［J］. Management Science, 1999, 45(1): 16-24.

[28] Gerchak, Y., Wang, Y.. Revenue-sharing vs. wholesale-price contracts in assembly systems with random demand[J]. Production and Operations Management, 2004, 13 (1): 23-33.

[29] Goyal, S. K.. A joint economic-lot-size model for purchaser and vendor: A comment[J]. Decision Sciences, 1988, 19 (1): 236-241.

[30] Gallego, G. and Moon, I.. The distribution free newsboy problem: Review and extensions [J]. Journal of the Operational Research Society, 1993: 825-834.

[31] Goyal, S. K.. A one-vendor multi-buyer integrated inventory model: A comment[J]. European Journal of Operational Research, 1995, 82(1): 209-210.

[32] Granot, D., Yin, S.. Competition and cooperation in decentralized push and pull assembly systems[J]. Management Science, 2008, 54(4): 733-747.

[33] Greaver M. F.. Strategic outsourcing—A structured approach to outsourcing decisions and initiatives[R]. American Management Association, 1998.

[34] Grout, J. R., Christy, David P.. A model of incentive contracts for just-in-time delivery [J]. European Journal of Operational Research, 1996, 96: 139-147.

[35] Grout, J. R.. Influencing a supplier using delivery windows: Its effect on the variance of flow times and on-time delivery[J]. Decision Sciences, 1998, 29(3): 747-764.

[36] Guirida, A. L., Nagi, R.. Cost characterizations of supply chain delivery performance[J]. Production Economics, 2006, 102: 22-36.

[37] Corbett, C. J.. Stochastic inventory systems in a supply chain with asymmetric information: Cycle stocks, safety stocks, and consignment stock [J]. Operations Research, 2001, 49(4): 487-500.

[38] Ismail, C., Burak, E.. Inventory and transportation decisions in a two-stage supply chain[C]. IIE Annual Conference and Exhibition, Houston, 2004: 1569-1574.

[39] Guan, R., Zhao, X.. On contracts for VMI program with continuous review (r, Q) policy[J]. European Journal of Operational Research, 2010, 207(2): 656-667.

[40] Guler, M. G., Bilgic, T.. On coordinating an assembly system under random yield and random demand [J]. European Journal of Operational Research, 2009, 196(1): 342-350.

[41] Gurnani, H., Akella, R., Lehoczky, J.. Supply management in assembly systems with random yield and random demand [J]. IIE Transactions, 2000, 32 (8): 701-714.

[42] Gurnani, H., Akella, R., Lehoczky, J.. Optimal order policies in assembly systems with random demand and random supplier delivery [J]. IIE Transactions, 1996, 28: 865-878.

[43] Gurnani, H., Gerchak, Y.. Coordination in decentralized assembly systems with uncertain component yields[J]. European Journal of Operational Research, 2007, 3

(1): 1559-1576.

[44] Hendricks, K. B., Singhal, V. R.. An empirical analysis of the effect of supply chain disruptions on long-run stock price performance and equity risk of the firm[J]. Production and Operations Management, 2005a, 14(1): 35-52.

[45] Hendricks, K. B., Singhal, V. R.. Association between supply chain glitches and operating performance [J]. Management Science, 2005b, 51 (5): 695-711.

[46] Hill, R. M.. The single-vendor single-buyer integrated production-inventory model with a generalized policy[J]. European Journal of Operational Research, 1997, 97(3): 493-499.

[47] Hongsheng Chu, Jingchun Wang, Yihui Jin, Hansheng Suo. Decentralized inventory control in a two-component assembly system[J]. International Journal of Production Economics, 2006, 102: 255-264.

[48] Hoque, M. A., Kingsman, B. G.. Synchronization in common cycle lot size scheduling for a multi-product serial supply chain [J]. International Journal of Production Economics, 2006, 103(1): 316-331.

[49] Horvath, L.. Collaboration: The key to value creation in supply chain management [J]. Supply Chain Management: an International Journal, 2001, 6 (5): 205-207.

[50] Hu, X. X., Duenyas, I., Kapuscinski, R.. Existence of coordinating transshipment prices in a two-location inventory model[J]. Management Science, 2007, 53(8): 1289-1302.

[51] Hutchins, D. C.. Just in time [M]. Gower Publishing Company, 1999.

[52] Iyer, A. V., Bergen, M. E.. Quick response in manufacturer-retailer channels[J]. Management Science, 1997, 43 (4): 559-570.

[53] Johnson, E.. Product design collaboration: Capturing cost supply chain value in the apparel industry in achieving supply chain excellence through technology [J]. Montgomery Research, 2002, 4.

[54] Kaplinsky, R.. The globalization of product markets and immiserizing growth: Lessons from the South African furniture industry[J]. World Development, 2002, 30(7): 1159-1177.

[55] Kim, B., Leung, J. M. Y., Park, K. T., Zhang, G., Lee, S.. Configuring a manufacturing firm's supply network with multiple suppliers[J]. IIE Transactions, 2002, 34(8): 663-677.

[56] Kim, E., Lee, K., Kang, S.. Optimal purchasing policy in a two-component assembly system with different purchasing contracts for each component [J]. Mathematical Methods of Operations Research, 2006, 63: 301-327.

[57] Kirstin, Z.. Supply chain coordination with uncertain just-in-time delivery [J].

International Journal of Production Economics, 2002, 77(1): 1-15.

[58]Kleindorfer, P. R. , Saad, G. H.. Managing disruption risks in supply chains[J]. Production and Operations Management, 2009, 14 (1): 53-68.

[59]Kouvelis, P. , Li, J.. Flexible backup supply and the management of lead-time uncertainty [J]. Production and Operations Management, 2008, 17 (2): 184-199.

[60]Kwon, H. D. , Lippman, S. A. , Cardle, K. M. , Tang, C. S.. Project management contracts with delayed payments [ J ]. Manufacturing & Service Operations Management, 2010, 12(4): 692-707.

[61]Lee, H. L. , Padmanabhan, P. , Whang, S.. The bullwhip effect in supply chains[J]. Sloan Management Review, 1997, 38: 93-102.

[62]Lee, H. L. , So, K. C. & Tang, C. S.. The value of information sharing in a two-level supply chain [J]. Management Science, 2000, 46: 626-643.

[63] Lee, H. L. , Padmanabhan, V. , Whang, S.. Information distortion in a supply chain: The bullwhip effect[J]. Management Science, l997, 43(4): 546- 558.

[64]Lee, C. , Chu, W.. Who should control inventory in a supply chain? [J]. European Journal of Operational Research, 2005, 164: 158-172.

[65]Leng, M. , Parlar, M.. Game-theoretic analyses of decentralized assembly supply chains: Non-cooperative equilibria vs. coordination with cost-sharing contracts [J]. European Journal of Operational Research, 2010, 204: 96-104.

[66] Li, J. , Wang, Y.. Supplier competition in decentralized assembly systems with price-sensitive and uncertain demand [ J ]. Manufacturing & Service Operations Management, 2010, 12(1): 93-101.

[67]Li, K. , Sivakumar, A. Y. , Ganesan, V. K.. Complexities and algorithms for synchronized scheduling of parallel machine assembly and air transportation in consumer electronics supply chain [ J ]. European Journal of Operation Research, 2008, 187(2): 442-455.

[68]Lyons, A. , Coronado, A. and Michaelides, Z.. The relationship between proximate supply and build-to-order capability [ J ]. Industrial Management & Data Systems, 2006, 106(8): 1095-1111.

[69]Magee, J. F.. Production planning and inventory control[M]. New York: McGraw-Hill Book Company , 1958.

[70]Mentzer, J. T.. Managing supply chain collaboration [M]. Sage Publications, Inc. , Thousand Oaks, California, 2001.

[71]Mishra, B. K. , Raghunathan, S.. Retailer vs. vendor-managed inventory and brand competition[J]. Management Science, 2004, 50(4): 445- 457.

[72] Perry, M. , Sohal, A. S.. Effective quick response practices in a supply chain partnership—An Australian case study [ J ]. International Journal of Operations &

Production Management, 2001, 21(5/6): 840-854.

[73]Perry, M., Sohal, A. S., Rumpf, P.. Quick response supply chain alliances in the Australian textiles, clothing and footwear industry [J]. International Journal of Production Economics, 1999, 62(1): 119-132.

[74] Qetinkaya, S., Lee, C. Y.. Stock replenishment and shipment scheduling for vendor-manage inventory systems [J]. Management Science, 2000, 46(2): 217-232.

[75] Quinn, J. B. and Hilmer, F. G.. Strategic outsourcing [J]. Sloan Management Review, 1994, 35(4): 43-55.

[76] Rothwell, R.. Successful industrial innovation: Critical factors for the 1990s[J]. R&D Management, 1992, 22: 221-239.

[77]Rudi, N.. Optimal inventory levels in systems with common components[D]. Working paper, W. E. Simon Graduate School of Business Administration, University of Rochester, N. Y, 1998.

[78] Rungtusanatham, M., Rabinovich, E., Ashenbaum, B., Wallin, C.. Vendor-owned inventory arrangements in retail: Anagency theory perspective[J]. Journal of Business Logistics, 2007, 28(1): 111-135.

[79] Serel, D. A.. Inventory and pricing decisions in a single-period problem involving risky supply [J]. International Journal of Production Economics, 2008, 116 (1): 115-128.

[80]Shah, J. and Goh, M.. Setting operating policies for supply hubs[J]. International Journal of Production Economics, 2006, 100(2): 239-252.

[81] Stalk, G.. Time—The next source of competitive advantage [J]. Harvard Business Review, 1988, 66(4): 41-51.

[82]Simatupang, T. M., Sridharan, R.. A benchmarking scheme for supply chain collaboration [J]. Benchmarking: an International Journal, 2004a, 11(1): 9-30.

[83] Simatupang, T. M., Sridharan, R.. An integrative framework for supply chain collaboration [J]. The International Journal of Logistics Management, 2005, 16(2): 257-274.

[84] Simatupang, T. M., Sridharan, R.. Benchmarking supply chain collaboration: An empirical study [J]. Benchmarking: An International Journal, 2004b, 11 (5): 485-503.

[85]Simatupang, T. M., Sridharan, R.. The collaborative supply chain [J]. The International Journal of Logistics Management, 2002, 13(1): 15-30.

[86]Simatupang, T. M., Wright, A. C., Sridharan, R.. Applying the theory of constraints to supply chain collaboration [J]. Supply Chain Management: An International Journal, 2004c, 9(1): 57-70.

[87]Song, J. S., Yao, D. D.. Performance analysis and optimization of assemble to order with random leadtimes[J]. Operations Research, 2002, 50(5): 889-903.

[88]Song, J. S., Yano, C. A., Lerssrisuriya, P.. Contract assembly: Dealing with combined supply leadtime and demand quantity uncertainty[J]. Manufacturing and Service Operation Management, 2000(2): 287-296.

[89]Stecke, K. E., Kumar, S.. Sources of supply chain disruptions, factors that breed vulnerability, and mitigating strategies [J]. Journal of Marketing Channels, 2009, 16 (3): 193-226.

[90]Tang, O., Grubbstrom, R. W.. The detailed coordination problem in a two-level assembly system with stochastic lead times[J]. International Journal of Production Economics, 2006, 81: 415-429.

[91]Tomlin, B.. Impact of supply learning when suppliers are unreliable [J]. Manufacturing & Service Operations Management, 2009, 11(2): 192-209.

[92]Tomlin, B.. On the value of mitigation and contingency strategies for managing supply chain disruption risks [J]. Management Science, 2006, 52 (2): 639-657.

[93]Vereecke, A., Muylle, S.. Performance improvement through supply chain collaboration in Europe [J]. International Journal of Operations & Production Management, 2006, 26(11): 1176-1198.

[94]Waller, Johnson M. E., Davis, T.. Vendor managed inventory in the retail supply chain [J]. Journal of Business Logistics, 1999, 20(1): 183- 203.

[95]Wang, Y., Gerchak, Y.. Capacity games in assembly systems with uncertain demand[J]. Manufacturing and Service Operations Management, 2003(5): 252-267.

[96]Wang, Y.. Joint pricing-production decisions in supply chains of complementary products with uncertain demand [J]. Operations Research, 2006, 54 (6): 1110-1127.

[97]Wang, Y., Jiang, L., Shen, Z. J.. Channel performance under consignment contract with revenue sharing [J]. Management Science, 2004, 50(1): 34- 47.

[98]Xiao Yongbo, Chen Jian, Lee, C. Y.. Optimal decisions for assemble-to-order systems with uncertain assembly capacity[J]. Production Economics, 2010, 123: 155-165.

[99]Yang, J., X. Qi and G. Yu. Disruption management in production planning [D]. Working paper, Department of Management Science and Information Systems, McCombs School of Business, The University of Texas, Austin, 78712, 2005.

[100]Yano, C.. Stochastic leadtimes in two-level assembly systems[J]. IIE Transactions, 1987, 19: 371-378.

[101]Yu, H. and Zeng, A. Z. and Zhao, L.. Single or dual sourcing: Decision-making in the presence of supply chain disruption risks [J]. Omega, 2009, 37 (4):

788-800.

[102]Zhao, X., Shi, C. M.. Structuring and contracting in competing supply chains[J]. International Journal of Production Economics, 2009, 5：11-16.

[103]Zimmer, K.. Supply chain coordination with uncertain just-in-time delivery [J]. International Journal of Production Economics, 2002, 77(1)：1-15.

[104]Zou, X., Pokharel, S., Piplani, R.. Channel coordination in an assembly system facing uncertain demand with synchronized processing time and delivery quantity[J]. International Journal of Production Research, 2004, 42(22)：4673-4689.

[105]包兴, 季建华, 邵晓峰, 唐讴, 刘希龙. 应急期间服务运作系统能力的采购和恢复模型[J]. 中国管理科学, 16(5)：64-70.

[106]曹健, 张申生. 协同产品开发中的协商方法研究[J]. 计算机集成制造系统, 2001, 7(6)：30-34.

[107]陈建华, 马士华. 基于集配中心的供应链物流整合方式[J]. 当代经济管理, 2006, 28(4)：33-37.

[108]陈荣秋. 即时顾客化定制的基本问题探讨[J]. 工业工程与管理, 2006, 11(6)：44-48.

[109]龚凤美, 马士华. 基于Supply-hub的第三方物流直送工位模式研究[J]. 工业技术经济, 2007, 26(8)：124-127.

[110]桂华明, 马士华. 运输成本对批量敏感时的供应链批量协调策略比较研究[J]. 中国管理科学, 2008, 16(2)：49-56.

[111]戢守峰, 曹楚, 黄小原. 基于CPFR的协同补货方法[J]. 东北大学学报(自然科学版), 2007, 7：1049-1050.

[112]李果, 马士华, 龚凤美, 王兆华. 基于Supply-hub的供应物流协同运作研究综述与展望[J]. 机械工程学报, 2011, 47(20)：23-33.

[113]李果, 张祥, 马士华, 王兆华. 不确定交货条件下供应链装配系统订货优化与协调研究综述[J]. 计算机集成制造系统, 2012, 18(2)：369-380.

[114]刘小群, 马士华. 供应链战略性物流外包中的界面管理研究[J]. 工业工程与管理, 2005, 10(6)：83-88.

[115]柳键, 马士华. 供应链库存协调与优化模型研究[J]. 管理科学学报, 2004, 17(4)：1-8.

[116]鲁其辉, 朱道立. 含交付时间不确定性的供应链协调策略研究[J]. 管理科学学报, 2008, 11(2)：50-60.

[117]马士华, 桂华明. 基于供应驱动的供应链协同技术与管理——原理与应用[M]. 武汉：华中科技大学出版社, 2009.

[118]马士华, 林勇. 供应链管理(第2版)[M]. 北京：高等教育出版社, 2006.

[119]马士华, 王福寿. 时间价格敏感型需求下的供应链决策模式研究[J]. 中国管理科学, 2006, 14(3)：13-19.

[120]马士华,杨文胜,李莉.基于二层规划的供应链多阶响应周期决策模型[J].管理科学学报,2005,8(6):51-59.

[121]慕银平,唐小我.考虑库存成本的企业集团转移定价决策分析[J].管理工程学报,2008,22(3):46-50.

[122]浦徐进,梁梁,张廷龙.基于产品结构的二层供应链协调机制研究[J].管理学报,2006,3(2):153-156.

[123]邱燕娜.江铃发动机公司:协同供应链成就中国式管理[J].中国计算机报,2007,74.

[124]盛方正,季建华.基于风险规避的供应链突发事件管理[J].工业工程与管理,2008,13(3):7-11.

[125]唐宏祥.VMI对供应链性能的影响分析[J].中国管理科学,2004,12(2):60-65.

[126]王勇,孙良云.供应链竞争力评价指标体系研究[J].商业研究,2002,26(19):38-40.

[127]王玉燕,申亮,李帮义.几种不同的准时交货博弈模型研究[J].管理评论,2007,2(19):57-62.

[128]王彧,马士华.供应链环境下集配商供应模式的探讨[J].管理评论,2005,17(2):33-36.

[129]杨瑾,尤建新,蔡依平.产业集群环境下供应链系统快速响应能力评价[J].中国管理科学,2007,15(1):34-40.

[130]杨文胜,李莉.基于Stackelberg模型的准时交货激励契约分析[J].系统工程理论与实践,2006,3(12):17-23.

[131]杨阳,刘志学.供应商管理库存与第三方物流的系统动力学模型[J].系统工程,2007,25(7):38-44.

[132]余玉刚,梁樑,王晨,王志强.一种考虑最终产品变质的供应商管理库存集成模型[J].中国管理科学,2004,12(2):32-37.

[133]张存禄,王子萍,黄培清,骆建文.基于风险控制的供应链结构优化问题[J].上海交通大学学报,2005,39(3):468-470.

[134]张梅艳,高远洋.引入第三方物流的VMI模型优化研究[J].管理学报,2007,4(1):53-56.

[135]赵晓波,黄四民.库存管理[M].北京:清华大学出版社,2008.

[136]周金宏,汪定伟.分布式多工厂、多分销商的供应链生产计划模型[J].信息与控制,2001,30(2):169-172.

[137]周晓,马士华,黄春雨.缩短供应链多阶响应周期的物流模式研究[J].南开管理评论,2002,11(5):62-65.